DIE MACHT DER SELBSTLIEBE

9 Schritte um selbstbewusster zu werden, Ängste zu überwinden und sich selbst zu lieben

Daniel J. Martin

ISBN 978-9916-9937-9-8

Haftungsausschluss: Dieses Buch wurde mit der Absicht erstellt, Informationen, Anregungen und Ratschläge zu verschiedenen Lebensbereichen zu geben, einschließlich des emotionalen Wohlbefindens, der geistigen Gesundheit, der persönlichen Entwicklung und der Entwicklung gesunder Beziehungen. Es ersetzt jedoch nicht die professionelle medizinische Versorgung oder den Rat eines qualifizierten Psychologen oder Therapeuten. Wenn Sie mit ernsthaften psychischen oder emotionalen Gesundheitsproblemen konfrontiert sind, empfehlen wir Ihnen, umgehend professionelle Hilfe in Anspruch zu nehmen.

Am Ende bedauern wir nur die Chancen, die wir nicht ergriffen haben.

INHALT

Einführung

Wir alle wünschen uns ein Leben voller Erfolg, Glück und Erfüllung. Leider werden die meisten Menschen dies nie dauerhaft oder in dem Maße erleben, wie sie es sich wünschen. Für viele fühlt sich das Leben an, als stolpere man von Misserfolg zu Misserfolg, von einem Rückschlag zum nächsten, von einem Verlust zum nächsten. Sie fühlen sich leer und ausgelaugt und verlieren das Interesse am Leben.

Aber warum ist das so?

In der Regel steckt ein Mangel an Selbstvertrauen dahinter. Es sind nicht äußere Faktoren, die den Erfolg erschweren, sondern die Tatsache, dass viele Menschen kein Vertrauen in ihre eigenen Fähigkeiten haben. Das bedeutet, dass sie zu viel Zeit damit verbringen, sich Sorgen zu machen, dass sie nicht gut genug sind, anstatt sich auf ihre Stärken zu konzentrieren.

Wie wichtig ist Selbstvertrauen?

Selbstvertrauen ist der wichtigste Unterschied zwischen dem „Durchschnittsmenschen“ und Menschen wie Elon Musk, Richard Branson, Steve Jobs und Jeff Bezos, um nur einige zu nennen. Es sind die erfolgreichen Menschen, die mehr Vertrauen in ihre Fähigkeiten und Fertigkeiten haben. Sie wissen, dass sie sehr wahrscheinlich in ihrem Leben auf Hindernisse stoßen werden. Sie wissen aber auch, dass ihr Vertrauen in ihre eigenen Fähigkeiten sie davor bewahrt, durch diese Hindernisse aufgehalten zu werden. Und da sie nicht zu Fall gebracht werden können, ist der Erfolg nur eine Frage der Zeit. Das ist es, was Thomas Edison dazu brachte, es weiter zu versuchen, obwohl er bereits mehr als tausendmal die Glühbirne *nicht* erfunden hatte. Selbstvertrauen hat Menschen wie Nelson

Mandela und Abraham Lincoln geholfen, den Lauf der Geschichte zu verändern. Es macht einen Unterschied!

Hast du ständig mit einem geringen Selbstwertgefühl zu kämpfen? Hast du Probleme mit deinem Selbstvertrauen? Hältst du dich für minderwertiger als die Menschen um dich herum? Stellst du alles infrage, was du tust, weil du denkst, du seist nicht gut genug? Bist du durch negative Kritik schnell demotiviert? Fällt es dir schwer, um etwas zu bitten, das dir wichtig ist? Findest du dich in toxischen Beziehungen wieder, die dich nicht weiterbringen? Möchtest du herausfinden, wie du dein Selbstvertrauen stärken kannst?

Wenn du auch nur eine dieser Fragen mit „Ja" beantwortet hast, liest du gerade das richtige Buch. Auch ich hatte in meiner Jugend Probleme mit meinem Selbstbewusstsein. Ich scheute mich vor sozialen Events, weil ich nicht wusste, wie ich mich verhalten sollte. Ich spielte meine

Leistungen und Erfolge herunter, indem ich sie mit dem verglich, was andere erreicht hatten. Ich fühlte mich in meinem Körper nicht wohl, und das spiegelte sich in der Art und Weise wider, wie ich sprach, ging und mit anderen kommunizierte.

Glücklicherweise habe ich inzwischen **einen Weg gefunden, mein Selbstvertrauen zu stärken, indem ich neun einfache Techniken angewendet habe**: Es sind dieselben, um die es in diesem Buch geht und die mich völlig verändert haben. Dies und die Tatsache, dass ich genau wusste, was ich wollte, haben es mir ermöglicht, meine Ziele zu erreichen; nicht nur das, auch mein Selbstvertrauen schoss in die Höhe. Ich beschloss, dieses Buch zu schreiben. Ich wollte diese neun Schritte – an denen ich so viele Jahre gearbeitet habe – mit Menschen teilen, die sich in der gleichen Situation befinden und einen Leitfaden benötigen, um ihr Selbstvertrauen zu stärken und ein erfülltes, glückliches Leben zu führen.

Das Vertrauen in sich selbst ist vielleicht der wichtigste Faktor, wenn es darum geht, wahres Glück, inneren Frieden und Zufriedenheit zu erreichen. Nicht einmal Erfolg kann die Leere füllen, die ein geringes Selbstwertgefühl in uns erzeugt. Ich kenne viele „erfolgreiche" Menschen, die Probleme mit ihrem Selbstvertrauen haben. Sie machen sich ständig Gedanken darüber, was andere von ihnen halten. Dieser Mangel an Selbstvertrauen hindert sie daran, wahre Zufriedenheit zu erreichen. Genauso kenne ich „erfolglose" Menschen, die so viel Selbstvertrauen haben, dass sie ein erfülltes Leben führen und die nichts sie davon abhält, ihr Ziel zu erreichen.

Bist du also bereit, deine Reise zu einem unglaublichen Selbstwertgefühl und Selbstvertrauen zu beginnen?

Für diese Reise musst du nur zwei Dinge parat haben: Wissen und die Bereitschaft, zu handeln. Ich kann mich darum kümmern, dir das **Wissen** zu vermitteln. Dieses Buch wird dein Leitfaden sein. Die Techniken, die ich dir erläutern werde, sind einfach anzuwenden und zu pflegen. Es ist auch erwiesen, dass sie funktionieren – Millionen von Menschen haben sie mit überraschenden Ergebnissen bereits erfolgreich umgesetzt. Es besteht kein Zweifel, dass sie auch bei dir funktionieren werden. Allerdings musst du selbst bereit sein, in **Aktion zu treten**, um die Techniken in Gewohnheiten zu verwandeln, die dir das Leben bescheren, von dem du immer geträumt hast. Um es mit den Worten von Pablo Picasso zu sagen: „Handeln ist der grundlegende Schlüssel zu jeglichem Erfolg."

Das Geheimnis des Selbstbewusstseins besteht darin, genau zu wissen, was man will, und so zu handeln, dass man seinem Ziel näher kommt.

Viel Glück!

Selbstvertrauen verstehen

„Liebe dich selbst zuerst und alles andere ergibt sich von selbst.“

— Lucille Ball

Der Dalai Lama behauptet, dass jeder die Welt verändern kann, wenn er an sein Potenzial glaubt und genügend Vertrauen in sich selbst hat. Dem stimme ich uneingeschränkt zu. Mehr noch, ich glaube, dass Selbstvertrauen sogar eine größere Rolle spielt als Potenzial. Selbstvertrauen ist vielleicht die wichtigste Eigenschaft, die über Erfolg oder Misserfolg entscheidet – besonders in der heutigen Gesellschaft.

Viele talentierte Menschen haben nie Erfolg – dafür gibt es unzählige Beispiele. Wahrscheinlich hast du schon Geschichten von Genies gehört, die über ihren Mangel an Selbstvertrauen gestolpert sind. Nicht selten liegt der Unterschied zwischen zwei Athleten mit vergleichbarem Talent nur in ihrem Selbstvertrauen begründet. Deshalb redet man bei erfolgreichen Sportlern von einer „Siegermentalität“. Eine Siegermentalität ist nichts anderes als Selbstvertrauen auf höchstem Niveau.

Ein Mangel an Selbstvertrauen wird dich daran hindern, dein volles Potenzial auszuschöpfen. Selbstvertrauen ist das Ergebnis all deiner Erfahrungen, die deinen Geist konditioniert haben, auf eine bestimmte Art zu denken und das Leben zu betrachten. Menschen mit geringem Selbstvertrauen haben zu viele negative Gedanken. Ihre Angst, zu scheitern, hält sie davon ab, ihr Leben voll auszuleben und die Chancen zu nutzen, die das Leben bietet.

Sehr viele Menschen haben ein Problem mit ihrem Selbstvertrauen, sei es ein zu geringes

Selbstwertgefühl oder auch ein übersteigertes Selbstvertrauen. Es ist kein Wunder, dass geringes Selbstvertrauen eines der häufigsten Probleme unserer Gesellschaft ist. Wir achten so sehr auf das Leben und die Angelegenheiten anderer Menschen, dass die Meinung von außen unser Selbstwertgefühl extrem beeinflusst. Ein geringes Selbstwertgefühl kann sich auch bereits in der Kindheit als Folge von Vernachlässigung oder eines toxischen Erziehungsstils entwickeln. Deshalb müssen wir uns zu jeder Zeit und in jedem Alter darum kümmern.

Jeder erlebt irgendwann in seinem Leben eine Phase mit geringem Selbstvertrauen. Zu einem echten Problem wird es jedoch, wenn Menschen dauerhaft ein geringes Selbstvertrauen haben: Menschen, deren Mangel an Selbstvertrauen zu einem Teil ihrer Persönlichkeit geworden ist. Diese Menschen neigen dazu, schüchtern, unterwürfig und passiv zu sein. Sie zögern, wenn es an der Zeit ist, etwas in Richtung ihrer Träume zu unternehmen, und das Leben zieht an ihnen vorbei. Diese irrationale Angst wird dadurch verursacht, dass sie sich selbst unterschätzen oder die vor ihnen liegende Herausforderung gleichzeitig überbewerten.

Die Kehrseite von Vertrauensproblemen ist Arroganz: die Überschätzung der eigenen Fähigkeiten und die Unterschätzung von Herausforderungen.

Selbstvertrauen entsteht, wenn man sich selbst wirklich gut kennt. Es bedeutet, dass du dir mit all deinen Fähigkeiten und Fertigkeiten vertraust, die Herausforderungen des Lebens meistern zu können. Wenn du weißt, dass deine Handlungen Konsequenzen haben und dass diese positiv oder negativ ausfallen können, hilft es dir, die Angst zu überwinden; die Angst, Fehler zu machen, zu versagen oder kritisiert zu werden, wenn du deine Ziele erreichen möchtest. Selbstvertrauen muss jedoch durch persönliche Weiterentwicklung gestärkt werden. Tatsächlich können Sie Selbstvertrauen als das

Gleichgewicht zwischen Selbsterkenntnis und Weiterentwicklung definieren. Der einzige Weg, Selbstvertrauen zu gewinnen, ist, dich Herausforderungen zu stellen und deine Fähigkeiten ständig zu verbessern.

Die Stärkung deines Selbstbewusstseins wird dein persönliches und berufliches Leben immens verbessern und dir sowohl geistig und körperlich als auch in deinen Beziehungen zu anderen Menschen helfen.

Warum du mehr Selbstvertrauen entwickeln solltest

Selbstvertrauen gibt dir den Mut, die Dinge in Angriff zu nehmen, die dir wichtig sind. Es ist das Gefühl, an dich selbst zu glauben, das dich in die Lage versetzt, deine größten Ziele zu erreichen. Es ist die Fähigkeit, dein Leben umzukrempeln.

1. Es macht dich durchsetzungsfähiger

Selbstvertrauen versetzt dich in die Lage, rechtzeitig angemessene Grenzen zu setzen. Du lässt dich nicht mehr herumschubsen und kannst ohne zu zögern „Nein“ sagen. Eine selbstbewusste Person weiß, wie sie sich verteidigen kann, ohne andere vor den Kopf zu stoßen. Selbstvertrauen hilft dir, zu entscheiden, was du willst und gibt dir die nötige Durchsetzungskraft, es auch zu bekommen.

2. Es hilft dir, dein Leben selbst in die Hand zu nehmen

Menschen mit geringem Selbstvertrauen neigen dazu, so zu leben, wie es andere es von ihnen erwarten. Sie sind nicht in der Lage, selbst die Entscheidungen zu treffen, die das Leben ihnen abverlangt. Selbstvertrauen wird dich lehren, nicht mehr nach der Pfeife anderer zu tanzen. Du wirst besser darin, eigene Entscheidungen zu treffen, und du wirst in der Lage sein, das zu tun, was dich glücklich macht, indem du die Dinge zur richtigen Zeit und auf deine eigene Art angehst.

3. Es reduziert deine Angst vor Kritik und Ablehnung

Du wirst in der Lage sein, auch bei schwierigen Themen geradewegs auf jede Person zuzugehen, auf potenzielle Kunden genauso wie auf deinen Chef. Selbstvertrauen ermöglicht es dir, dir keine Gedanken mehr darüber zu machen, was andere denken, sagen oder tun werden. Die Angst vor Ablehnung in Verbindung mit einem geringen Selbstwertgefühl kann dich davon abhalten, aktiv zu werden. Wenn du dein Selbstvertrauen verbesserst, wirst du diese irrationale Angst überwinden.

4. Es macht dich mutiger und widerstandsfähiger

Vertrauen in dich selbst wird dich dazu bringen, deine Grenzen auszutesten und große Träume zu verwirklichen. Es wird dich in die Lage versetzen, trotz gelegentlicher Misserfolge und Hindernisse für deine Herzenswünsche zu kämpfen. Du wirst besser mit Druck umgehen können und keine Angst davor haben, ganz von vorne anfangen zu müssen. Und das Wichtigste: Die Angst, Fehler zu machen, wird dir nicht mehr im Wege stehen.

5. Es macht dein Leben besser

Das Leben wird erfüllter, interessanter und lohnender werden. Dein Lebensziel wird greifbarer und leichter zu erreichen sein. Selbstvertrauen macht dich mitfühlender und einfühlsamer gegenüber anderen Menschen, sodass du besser in der Lage bist, das Leben deiner Mitmenschen ebenfalls zu beeinflussen.

6. Es macht dich glücklicher

Selbstvertrauen geht Hand in Hand mit positivem Denken, das negative Gedanken zum Schweigen bringt und dich in vielen Bereichen deines Lebens zu einem glücklicheren Menschen macht. Dein Geist wird ruhiger sein, was es dir leichter macht, deine Ängste zu überwinden, da du immer und zu jeder Zeit einen Hoffnungsschimmer sehen kannst. Ein Mensch, der sich seiner selbst sicher ist, ist ein glücklicher Mensch. Zeige mir dagegen eine Person, die mit geringem Selbstvertrauen und geringem Selbstwertgefühl kämpft, und ich zeige dir einen unglücklichen Menschen.

7. Es erhöht deine Erfolgschancen

Selbstvertrauen gibt dir mehr Sicherheit in Bezug auf dein Potenzial und deine Fähigkeiten. Es erhöht deine Chancen, aktiv zu werden und ermöglicht es dir, deine Fähigkeiten und

Anforderungen an dich besser einschätzen zu können, wenn du vor einer Herausforderung stehst. Das wiederum verbessert deine Erfolgschancen, da du besser vorbereitet bist und die Chancen, die sich dir bieten, eher ergreifst.

8. Es macht dich attraktiver

Wir alle fühlen uns zu Menschen hingezogen, die selbstsicher sind. Selbstvertrauen spiegelt sich in deiner Körpersprache und deiner Fähigkeit wider, ein Gespräch zu führen, was dich für zukünftige Arbeitgeber und potenzielle Partner attraktiver macht. Wir alle mögen selbstbewusste Menschen, denn wir lieben das Gefühl, dass jemand alles unter Kontrolle hat.

9. Stärke deine Führungsqualitäten

Du kannst andere nicht überzeugen, dir zu folgen und zu vertrauen, wenn du dies nicht selbst tust. Selbstvertrauen steigert dein

Selbstwertgefühl, und das überträgt sich auf deine Mitarbeiter, sodass du bessere Entscheidungen treffen und dein Team stärker motivieren kannst.

Zusammenfassung

Es spielt keine Rolle, wie oft du dir selbst sagst, dass du etwas tun oder etwas in deinem Leben ändern musst – was auch immer es ist, es wird fast unmöglich sein, es zu erreichen, wenn du nicht das nötige Selbstvertrauen mitbringst. Selbstvertrauen beginnt in deinem Inneren. Wenn du es hast, wird alles viel einfacher: Du wirst durchsetzungsfähiger, deine Führungsqualitäten verbessern sich, du wirkst attraktiver und deine Motivation, deine Ziele zu verfolgen und zu erreichen, ist kaum noch zu übertreffen.

SCHRITT 1

Akzeptiere dich selbst

„Sei, wer du bist, und sprich aus, was du fühlst, denn die, die sich daran stören, sind nicht wichtig und die, die wichtig sind, stören sich nicht daran.“

— Dr. Seuss

Sich selbst zu akzeptieren ist der erste Schritt zum Selbstvertrauen. Aber, um zu akzeptieren, wer du bist, musst du dich selbst gut kennen. Du würdest doch auch keinen völlig Fremden umarmen, oder? Also musst du zuerst verstehen, wer du wirklich bist.

Die meisten Menschen würden auf die Frage „Wer sind Sie?“ mit ihrem Namen oder einem anderen Identifikationsmerkmal, wie z. B. ihrem Beruf, antworten. Und das ist auch richtig so, denn Sinn dieser Frage ist es normalerweise, etwas über die Person herauszufinden. Aber sagen unsere Namen, Zeugnisse oder Berufsbezeichnungen wirklich so viel darüber aus, wer wir sind?

Die Beantwortung der Frage, wer wir sind, erfordert wirklich mehr als nur die Angabe unseres Vor- und Nachnamens. Es gibt auf alle Fälle mehr als nur eine Antwort auf diese Frage. Denn es gibt viele Faktoren, die uns zu dem gemacht haben, was wir sind. Ganz grob formuliert, könnten diese Faktoren in ‚genetisch' und ‚umweltbedingt' eingeteilt werden.

Genetische Faktoren führen zu Persönlichkeitsmerkmalen, die wir vererbt bekommen, wie Augenfarbe, Grübchen, glattes oder lockiges Haar und so weiter. Und wir erben nicht nur das Aussehen unserer Eltern, sondern auch ihre kognitiven und geistigen

Eigenschaften. Umweltfaktoren hingegen werden erworben. Diese Eigenschaften sind fast nie körperlich. Ein Beispiel wäre die kognitive Ausrichtung eines Menschen, die davon abhängt, wo er aufgewachsen ist und wie er erzogen wurde. Was ich damit sagen will, ist, dass „was“ wir sind, von einer Reihe von Faktoren abhängt, die sich alle in diese beiden Gruppen einteilen lassen.

Finde heraus, wer du wirklich bist

Jetzt, da du diese beiden Gruppen kennst, könntest du vielleicht denken, dass es sinnlos ist, herausfinden zu wollen, wer du wirklich bist. Solange wir uns nur auf diese Faktoren stützen, ist der Kampf um unser wahres Ich tatsächlich nicht leicht zu gewinnen. Wir Menschen stehen jeden Tag vor neuen Herausforderungen: arbeiten, studieren, lernen, wie etwas richtig geht, und falsche Gewohnheiten wieder verlernen. Wenn wir diese neuen Situationen häufiger erleben, hilft uns das jedoch, uns selbst immer wieder neu zu entdecken. Mit anderen Worten: Wir lernen ständig, wer wir sind. Die meisten Faktoren, die uns beeinflussen, beziehen sich auf unsere Umgebung. Unsere Persönlichkeit basiert also hauptsächlich auf unseren Erfahrungen und darauf, welche Einstellung wir dazu entwickelt haben.

Auch in Bezug auf die genetischen Faktoren sind wir ständig dabei, uns selbst neu zu entdecken. Denn manchmal entdecken wir ererbte Eigenschaften an uns, die uns nicht bewusst waren, bis wir mit einer bestimmten Situation konfrontiert wurden. Die meisten Eigenschaften dieser Art sind kognitiv. Du wirst zum Beispiel nicht herausfinden, wie gut du in Buchhaltung sind, bis du einem Umfeld ausgesetzt bist, das den Einsatz solcher Fähigkeiten erfordert. Das bedeutet, dass dein Umfeld in der Tat auch die genetischen Faktoren beeinflusst.

Um zu entdecken, wer du wirklich bist, musst du abenteuerlustiger sein. Gehe mehr aus, triff dich mit neuen Leuten, nimm an Veranstaltungen teil … alles Erfahrungen, die dein Leben verändern können, aber nur, wenn du dafür deine Komfortzone verlässt. Reise an einen Ort, den du schon immer einmal sehen wolltest. Nimm eine Verabredung wahr, die du eigentlich absagen wolltest. Schaue dir endlich den Film an, auf den du dich schon lange gefreut hast … du weißt schließlich nicht, wie sehr diese Dinge – egal, wie klein sie erscheinen mögen – dir eine neue Sicht auf deine Persönlichkeit ermöglichen können.

Wie ich bereits sagte, machen uns all unsere Erfahrungen, unsere genetischen Eigenschaften und Umweltfaktoren zu dem, was wir sind. Es gibt jedoch noch einige andere Elemente, die wir berücksichtigen müssen und die uns einzigartig machen. Nimm zum Beispiel die Dinge, die du magst und (oder eben nicht): Essen, Orte, Musik, Filme, Sport, Spiele, Kunst, Mode … Schreibe alles auf; nur so kannst du dich selbst wirklich kennenlernen.

Nimm dich so an, wie du bist

Wir wissen, dass wir nie aufhören zu entdecken, wer wir sind, aber das steht nicht im Widerspruch zu dem, was du bisher über dich selbst herausgefunden hast. Du hast eine Persönlichkeit, die sich aus genetischen und umweltbedingten Faktoren ergibt, die dein Dasein bis zu diesem Augenblick beeinflusst haben; eine über lange Zeit geformte Persönlichkeit, die anzunehmen du nun lernen musst. Der erste Schritt zum Aufbau eines unerschütterlichen Selbstvertrauens ist essenziell und besteht doch aus etwas so Einfachem wie der Liebe zu dem, was du bist.

Was aber bedeutet es genau, dich so anzunehmen, wie du bist? Du wirst zweifellos Fehler in deiner Persönlichkeit entdecken:

Schwächen, die dir manchmal im Weg stehen. Dich selbst zu lieben, bedeutet im Grunde, auch diese Fehler zu lieben. Deine Fehler können körperlicher Natur sein – wie eine zu große Nase oder zu dünn zu sein. Sie können aber auch abstrakter sein, z. B. dass du dich für dümmer hältst als deine Kollegen. Es ist leicht, die Teile zu lieben, die auch von anderen Menschen gemocht werden und attraktiv sind, wie ein hübsches Lächeln oder eine aufgeschlossene Persönlichkeit. Diese Eigenschaften sorgen dafür, dass andere Menschen sich zu dir hingezogen fühlen. Es ist also verlockend, deine Persönlichkeit auf diese Eigenschaften zu fokussieren – aber was ist mit den Teilen von dir, die andere Menschen nicht so sehr mögen?

Sich auf deine Stärken zu konzentrieren (die allgemein akzeptierten, attraktiven Eigenschaften) ist eine gute Sache und kann dein Selbstvertrauen stärken. Aber selbst wenn du dich auf nur deine Stärken fokussierst, kannst du nicht verhindern, dass deine Schwächen hin und wieder zum Vorschein kommen. Die meisten Menschen mit geringem Selbstvertrauen und Selbstwertgefühl fühlen sich niedergeschlagen, wenn ihre Schwächen aufgedeckt werden. Das ist ein harter Schlag für das Selbstvertrauen, das sie um ihre positiven Seiten herum aufgebaut hatten. Dadurch fühlen sie sich noch schlechter und ihr Selbstvertrauen wird noch mehr erschüttert.

Das solltest du dir sich nicht länger antun. Auch wenn du dich noch so bemühst, alle Schwächen auszumerzen – was an und für sich eine großartige Idee ist – musst du akzeptieren, dass deine Schwächen ein Teil von dir sind. Einige deiner Schwächen sind nicht einmal deine Schuld. An deinem Aussehen oder deinen kognitiven Fähigkeiten kannst du nicht viel, wenn überhaupt etwas, ändern. Warum also messen wir ihnen so viel Bedeutung bei? Das Beste, was du tun kannst, ist, ihren Einfluss auf Sie zu minimieren, und zu versuchen, sie nicht zu einer Quelle negativer Gedanken werden zu lassen.

Wenn sich deine Schwächen jedoch negativ auf deine Mitmenschen auswirken, musst du etwas tun. Ein anschauliches Beispiel dafür sind Probleme mit Aggression. Unkontrollierte Wut ist kein Makel, den du einfach so hinnehmen solltest. Sie kann körperlichen und psychischen Schaden bei deinen Mitmenschen anrichten. Akzeptiere sie nicht mit der Ausrede, dass du versuchst, dich so zu lieben, wie du bist. Wenn nötig, zögere nicht, professionelle Hilfe in Anspruch zu nehmen.

Eine andere Möglichkeit, zu akzeptieren, wer du bist, besteht darin, nicht mehr zu versuchen, wie jemand anderes zu sein. Viele Menschen geben vor, eine andere Persönlichkeit zu haben (in der Regel, indem sie jemanden imitieren, den sie bewundern), um Zuneigung oder Respekt von anderen zu erlangen. Der Eindruck, den du mit solch einer simulierten Persönlichkeit erweckst, wird nicht von Dauer sein, denn du kannst dich nur eine bestimmte Zeit lang verstellen. Und wenn die Zeit abgelaufen ist, sinkt dein Selbstvertrauen und du fühlst dich noch schlechter und bist noch weniger geneigt und motiviert, deine Ziele zu erreichen.

Der beste Weg, dein Selbstvertrauen zu stärken, ist also, einfach nur du selbst zu sein. Gib nicht vor, Dinge zu mögen, wenn es nicht stimmt, und nimm nicht an Aktivitäten teil, die dich nicht interessieren, nur um anderen zu gefallen. Gib nicht vor, etwas anderes zu sein – das schwächt nur dein wahres Ich.

Sich selbst zu akzeptieren, bedeutet auch, ehrlich zu dir selbst zu sein: deine Grenzen zu kennen, zu wissen, was du tun kannst und was nicht, und zu wissen, was du magst und was nicht. Versuche nicht, es zu verstecken. Entschuldigen dich sich nicht für das, was du bist. Solange sich deine Persönlichkeit nicht negativ auf andere Menschen auswirkt, ist es egal, was andere sagen. Das wird dein Selbstvertrauen stärken und dich zu einem außergewöhnlichen Menschen machen.

Zusammenfassung

Wenn du nur eine Sache aus diesem Buch mitnehmen willst, dann sollte es diese sein: „Sei du selbst“. Die grundlegende Ursache für mangelndes Selbstvertrauen ist in der Regel, dass du sich nicht wohlfühlst mit dem, wer oder was du bist oder wie du wahrgenommen wirst. Die Lösung? Sei einfach du selbst. Finde heraus, was du magst und wer du bist, und lerne dann, dich selbst zu lieben. Mache nicht den Fehler, zu versuchen, wie jemand anderes zu sein. Gib nicht vor, etwas zu sein, was du nicht bist. Konzentriere dich stattdessen auf eine allmähliche Veränderung – sowohl dessen, was du an dir magst, als auch dessen, was du nicht magst – und sammle auf dieser Reise der persönlichen Weiterentwicklung Erfolge.

Um es mit den Worten von Steve Jobs zu sagen: „Deine Zeit ist begrenzt, also verschwende Sie sie nicht damit, das Leben eines anderen zu leben."

SCHRITT 2

Stelle dich deinen Ängsten

„Habe keine Furcht vor deinen Ängsten. Sie sind nicht da, um dir Angst zu machen. Sie sind da, um dich wissen zu lassen, dass sich etwas lohnt."
— C. JoyBell

Es gibt keinen Menschen ohne Angst, denn Angst ist ein Teil dessen, was uns zu Menschen macht. Warum sprechen wir dann von furchtlosen Menschen? Mutig zu sein bedeutet nicht, keine Angst zu haben – es bedeutet, die Angst zu meistern, sie zu überwinden und größer zu sein als sie. Angst ist einfach eine Schutzmaßnahme, die uns sagt, dass wir uns auf ein zukünftiges Ereignis vorbereiten sollten.

Wenn wir die Evolution des Menschen genauer betrachten, erkennen wir, dass wir noch vor wenigen Jahrtausenden nicht die dominante Spezies auf der Erde waren, die wir heute sind. Wir waren einfach nur Beute. Unsere Fähigkeit, mehr Schattierungen von Grün als von jeder anderen Farbe zu unterscheiden, beweist das, denn Grün ist die vorherrschende Farbe in der Natur. Diese Eigenschaft erleichterte es uns, die Anwesenheit von Raubtieren zu erkennen, die sich zwischen Bäumen oder im Gras versteckten. Sie half uns auch, Nahrung zu finden und zu unterscheiden, was essbar war und was nicht. Diese Fähigkeit entwickelte sich aus einer Überlebensnotwendigkeit heraus – mit anderen Worten: aus unserer Angst, auszusterben. Angst ist also wichtig; sie sagt uns, wann wir fliehen und wann wir bleiben und kämpfen sollten.

Das Problem mit der Angst ist jedoch, dass sie ihre Aufgabe, uns zu schützen, zu weit treiben kann, bis zu dem Punkt, an dem wir irrational werden. An diesem Punkt erscheint uns alles riskant und alles, was verborgen oder unbekannt ist, wie eine Bedrohung. Das Unbekannte kann dich so sehr ängstigen, dass du nicht mehr in der Lage bist, zu handeln, wenn sich eine Gelegenheit bietet. Die Sorgen nehmen überhand und dein Selbstvertrauen kann sinken. Wenn dies geschieht, kann die Angst dich beherrschen, kontrollieren und lähmen – und sie wird immer stärker, bis sie zu einem unbezwingbaren Monster wird!

In dieser Situation ist es unmöglich, Selbstvertrauen zu entwickeln. Die Angst erzeugt so viele Zweifel, dass du aufhörst, an sich selbst zu glauben. Lass mich dir einige Tipps geben, wie du dieses Problem lösen kannst.

Fünf einfache Strategien, um sich deinen Ängsten zu stellen

1. Identifiziere deine Angst

Die Angst basiert auf der Erwartung negativer Ergebnisse und manifestiert sich als „was wäre wenn …“. Unsere größten Ängste sind die Angst vor dem Versagen und die Angst vor Ablehnung. Ich könnte noch mehr aufzählen, aber das sind die beiden, die mehr Schaden anrichten als alle anderen zusammengenommen. Die Angst vor dem Scheitern hat uns viele Innovationen und großartige Ideen gekostet, während die Angst vor Ablehnung viele Beziehungen zerstört hat, noch bevor sie begonnen haben. Du musst deine Angst identifizieren, bevor du sie besiegen kannst.

Das Problem ist, dass die Angst sich gut verstecken kann. Deshalb ist es Zeitverschwendung, über die verschiedenen Arten von Angst zu diskutieren. Versuch stattdessen, ein Wort oder eine Situation zu finden, die deine Angst beschreibt. Es spielt keine Rolle, wie seltsam dieses Wort oder diese Situation auch klingen mag, solange du sie klar identifizieren kannst. Diese Ebene des Verständnisses ist der erste Schritt, um die Angst von einer Geißel in das unverzichtbare Werkzeug für unsere Entwicklung zu verwandeln, das sie sein sollte.

2. Wünsche es dir von Herzen

Wenn du nur tust, was nötig ist, erfüllst du lediglich deine Pflichten. Das zu tun, was du wirklich willst, bedeutet, eine Chance zu ergreifen. Wir wissen beide, wofür du dich entscheiden würdest, wenn du die Möglichkeit dazu hättest. Du würdest dich freuen, wenn sich dir eine entsprechende Gelegenheit böte, und es gäbe keinen Wettstreit zwischen Aufregung und Angst. Ersteres wird immer mit Abstand gewinnen. Wenn uns etwas begeistert, schüttet unser Körper Dopamin aus: einen Neurotransmitter, der für unser Wohlbefinden, unsere Motivation, neue Aufgaben zu übernehmen und das Gefühl der Belohnung verantwortlich ist. Wenn wir also das tun, was wir wollen – was uns anspornt und begeistert – haben wir mehr Möglichkeiten, die Angst zu überwinden, die uns davon abhält, unsere Ziele zu erreichen.

Heißt das, dass du nur Dinge tun solltest, für die du dich begeistern kannst? Nein, natürlich nicht. Es bedeutet, dass du die Angst überwinden kannst, wenn du auch in deinen Pflichten etwas Anspornendes findest. Ein positiver Aspekt ist genug. Glücklicherweise gibt es immer einen Hoffnungsschimmer. Du wirst mehr darüber erfahren, wenn wir zum Kapitel über positives Denken kommen. Für den Moment reicht es, zu wissen, dass Positives immer über Negatives siegt. Wenn du dir also etwas sehnlichst wünschst und etwas Positives daran findest, bist du der Überwindung deiner Ängste einen großen Schritt näher gekommen.

3. Gehe nicht allein los

Ich werde nie müde zu betonen, wie wichtig es ist, sich auf die richtigen Menschen zu verlassen: Menschen, die deine Projekte unterstützen, mit dir deine Erfolge feiern, dich motivieren oder einfach da sind, wenn du sie brauchst. Wir alle brauchen eine Schulter, an der wir uns gelegentlich ausweinen können, und ein offenes Ohr, mit dem wir unsere Sorgen teilen können. Aber denke daran – viele Menschen werden versuchen, dich zu sabotieren. Lies das Kapitel über den Umgang mit Kritik aufmerksam durch. Es ist gut, unterwegs Gesellschaft zu haben und dir auch die Ansichten anderer Menschen anzuhören, solange du dich von jeglicher Negativität fernhalten kannst. Versuche darum, dich nur mit positiven Menschen zu umgeben – mit solchen, die deinem Leben einen Mehrwert verleihen, anstatt es zu zerstören.

4. Freue dich auf das Unbekannte

Angst bedeutet primär, Angst vor Veränderungen, vor dem Unbekannten, vor dem Eintreten ungünstiger Ereignisse zu haben. Aber das Unbekannte ist das Aufregendste am Leben. Wenn du nur ein paar Stunden in einem Raum eingesperrt bist, wirst du dich unglaublich langweilen. Stelle dir vor, wie sich Gefängnisinsassen fühlen. Keiner von uns, als freie und lebendige Wesen, sollte darum Angst vor Veränderungen haben.

Ich weiß, dass du versucht bist, dich von Dingen fernzuhalten, die dir Unbehagen bereiten, aber das sollte nicht auf Kosten der außergewöhnlichsten Erfahrungen geschehen, die dir das Leben zu bieten hat.

Denke an das erste Mal Verliebtsein zurück. Erinnerst du dich an das Gefühl, völlig unbesiegbar und doch gleichzeitig verletzlich zu sein? Oder an das wunderbare Gefühl, zu wissen, dass jemand dich bedingungslos beschützt und sich um dich kümmert? So etwas hättest du nie erlebt, wenn du nicht den Mut gehabt hättest, dich einem anderen Menschen zu öffnen. Belohnungen gibt es nur, wenn wir uns davor entscheiden, aktiv zu werden.

Vielleicht sagt dir deine innere Stimme, dass Liebe überbewertet ist oder dass dir unweigerlich das Herz gebrochen wird, wenn du dich darauf einlässt. Aber weißt du was? Sowohl Liebe als auch Liebeskummer sind unausweichliche Bestandteile des Menschseins. Ich bin der festen Überzeugung, dass jedem Menschen mindestens einmal im Leben das Herz gebrochen werden sollte. Das muss nicht unbedingt in einer romantischen Beziehung geschehen. Traurigkeit, Liebeskummer und Versagen sind Worte, die uns Angst einjagen – aber nur für eine Weile. Du wirst darüber hinwegkommen und das Beste in dir zum Vorschein bringen.

Gehe aus dir heraus, gehe Risiken ein! Mache Platz für das Unbekannte. Bete, dass es dir tolle Erfahrungen bringt, aber mache dich auch auf ein paar Rückschläge gefasst. Falle hin und stehe wieder auf. Das ist der einzige Weg, um weiter zu wachsen.

5. Werde aktiv

Nichts von dem, was du in diesem Buch lernst, wird dir etwas nützen, wenn du nicht auch Maßnahmen ergreifst, um deinen Zielen näherzukommen. Ich weiß, das ist der schwierige Teil, aber du wirst nie etwas erreichen, wenn du nicht den ersten Schritt tust. Scheitern ist nicht das Schlimmste, was dir passieren kann. Lass mich dir eines sagen: Die meisten deiner Idole – ich würde sogar fast sagen, alle – sind bei unzähligen Gelegenheiten gescheitert. Scheitern ist nicht das Ende, es ist noch nicht einmal der Anfang. Es ist nur ein Schritt auf dem Weg zur Erreichung deiner Ziele, wenn auch ein bedeutungsvoller. Je häufiger du etwas tust, desto mehr Selbstvertrauen gewinnst du. Und je mehr du vor dem Unbekannten wegläufst, desto größer wird deine Angst. Etwas aktiv zu versuchen ist an sich schon ein guter Weg, um Selbstvertrauen zu gewinnen. Mit jedem Versuch jedoch wirst du auch besser und stärker. Michael Jordan hat weder jedes Mal den Korb getroffen, noch hat er jedes seiner Spiele gewonnen – aber wir halten ihn trotzdem für den größten Basketballspieler aller Zeiten.

Ich sage den Leuten oft, dass Selbstvertrauen mehr mit der Reise als mit dem Ziel zu tun hat. Selbstvertrauen ist die Fähigkeit, zu akzeptieren, dass du vielleicht nicht weißt, wie man etwas macht, aber dass du es lernen und dich verbessern kannst. Selbstvertrauen bedeutet auch, zu akzeptieren, dass du nicht perfekt bist. Aber Vorsicht! Das zu akzeptieren, bedeutet nicht, dass du nicht versuchen solltest, dich weiter zu verbessern. Übe jeden Tag, damit du über dich hinauswachsen kannst. Fachleute nennen dies eine Wachstumsmentalität.

Wenn du klug vorgehst, erhöhen Sie deine Erfolgschancen. Es ist ganz einfach, vorbereitet zu sein und mit kleinen Schritten zu beginnen. Deine Erfolge mögen klein sein, aber dein Selbstvertrauen wird wachsen, wenn immer mehr dieser kleinen Erfolge zusammenkommen. Nehmen wir zum Beispiel an, dass du eine Rede vor Publikum halten sollst. Ich würde dir raten, niemals auf die Bühne zu gehen, ohne vorher deine Rede vorbereitet und geschrieben zu haben. Entwerfe sie also zunächst und überarbeite sie, bis du mit dem Ergebnis zufrieden bist. Der nächste Schritt besteht darin, deine Rede vor dem Spiegel und dann vor Freunden zu halten. Auf diese Weise machst du allmählich Fortschritte, schon bevor der große Tag gekommen ist. Ich nenne das einen klugen Plan, denn Erfolg ist in der Regel eine Serie von mehreren kleineren Siegen und nicht nur ein einzelner großer Sieg. Höre also auf, Ausreden zu finden. Angst ist eine ausgezeichnete Gelegenheit, deinen Mut zu testen und deine Grenzen erweitern.

Zusammenfassung

Wir sind alle Menschen, und es ist völlig normal, Angst zu haben. Aber du solltest nicht zulassen, dass deine Ängste dich kontrollieren – sie werden deine Erfolgschancen beeinträchtigen, wenn du sie dein Leben beherrschen lässt. Angst ist nicht unbedingt etwas Schlechtes, aber sie kann zu etwas Schlechtem werden, wenn du dich zu sehr von ihr beeinflussen lässt. Du kannst sie überwinden, indem du herausfindest, wovor du Angst hast. Du kannst das Unbekannte lieben lernen, dich mit den richtigen Menschen umgeben und dir etwas stark genug wünschen, um die richtigen Maßnahmen zu ergreifen, die dich näher an dein Ziel bringen.

SCHRITT 3

Denke positiv; bringe die innere Stimme zum Schweigen

„Wer positiv denkt, sieht das Unsichtbare, fühlt das Ungreifbare und erreicht das Unmögliche.“

— Winston Churchill

Was macht einen Menschen zum Optimisten und einen anderen zum Pessimisten? Warum sehen manche Menschen das Glas als halb voll und andere als halb leer an? Diese kleine Stimme in deinem Kopf ist der Übeltäter. Sie beeinflusst deine Gefühle, deine Einstellung und dein Wohlbefinden.

Diese innere Stimme wird durch deine Beziehungen zu anderen Menschen geformt. Dazu gehören natürlich Familienmitglieder und Freunde, aber Autoritätspersonen wie Erziehungsberechtigte oder Lehrer haben normalerweise den größten Einfluss. Im Laufe deiner Entwicklung zum Erwachsenen verinnerlichst du diese Einflüsse und sie werden zu einem Teil deiner Persönlichkeit.

Deine innere Stimme liegt wie ein unentrinnbarer, böser Schatten über deinem Gewissen, ein Feind, der deine Schwächen aufspürt und ausnutzt, ein innerer Kritiker, der dein Selbstvertrauen, dein Selbstwertgefühl, deine Beziehungen, deine Gesundheit und deine Stimmung attackiert. Mit jedem Angriff wird er stärker – jeder Zweifel erhöht seine Macht über dich, untergräbt dein Selbstwertgefühl und schafft eine pessimistische Sicht auf die Welt. Der einzige Ausweg ist, dir positives Denken anzueignen. Glücklicherweise kann man das lernen.

Manche Menschen denken – zu Unrecht – dass positives Denken bedeutet, das eigene Gewissen zu ignorieren. Aber es bedeutet lediglich, optimistisch zu sein und die gute Seite der Dinge zu betrachten. Es geht darum, das Gegenteil von dem zu tun, was die meisten Menschen tun: in jeder Situation das Schlechte zu sehen. Warum solltest du es nicht versuchen? Optimisten sind nachweislich glücklicher und zufriedener. Sie haben mehr Selbstvertrauen, sie kennen ihre Ziele und arbeiten daran, sie zu erreichen. Ich bin sicher, dass du diese Eigenschaften auch gerne hättest, oder?

Das Leben ist schon schwer genug, ohne dass wir es uns selbst noch schwerer machen müssen. Stell dir vor, wie einfach das Leben für jemanden ist, der in jedem Problem eine Chance sieht, in Gegensatz zu jemandem, der in jeder Chance ein Problem sieht. Ist es so schwer, in jeder Situation oder Person etwas Positives zu sehen? Mache das deiner inneren Stimme klar! Das ist es, was die Optimisten von den Pessimisten und glückliche, selbstbewusste, durchsetzungsfähige und motivierte Menschen von den anderen unterscheidet.

Sowohl positives als auch negatives Denken wirkt sich auf deinen Geist aus, zum Guten und zum Schlechten. Es ist wissenschaftlich belegt, dass die Gedanken, mit denen du deinen Geist fütterst, auch deinen Körper beeinflussen. Die Folgen deiner Gedanken gehen also weit über mentale Auswirkungen hinaus. Sie erstrecken sich auch auf deine körperliche Gesundheit. Optimistische Menschen sind kreativer, leben länger, sind widerstandsfähiger gegen Krankheiten, erholen sich schneller und haben eine höhere Schmerzgrenze – all das und mehr, ohne Nebenwirkungen.

Neun einfache Tipps, die dir helfen, positiv zu denken

Die Kraft des positiven Denkens zu nutzen, ist in der Theorie einfach, aber es erfordert viel Kraft und Disziplin. Wenn du es schaffst, ist alles möglich. Du änderst, wie du Informationen aufnimmst, verarbeitest und auf sie reagierst. Etwas, das ein Teil von dir ist, seit du denken kannst. Du hast bereits den ersten Schritt getan. Du hast erkannt, dass deine innere Stimme ein Teil von dir ist und dass sie um deine Aufmerksamkeit buhlt. Dein inneres Kind – das, das „ich, ich, ich" schreit – hat Angst, von dir verlassen zu werden.

Wirst du dich von einem Kind herumkommandieren lassen oder wirst du die Verantwortung für deine Gedanken und Handlungen übernehmen? Ich weiß bereits, wie deine Antwort lautet. Deshalb habe ich die folgenden Tipps für dich vorbereitet.

1. Erfasse deine Gedanken

Bevor du die Kraft des positiven Denkens voll ausschöpfen kannst, musst du zunächst lernen, deine negativen Gedanken zu erkennen. Dazu musst du genauer darauf achten, was in deinem Kopf vor sich geht. Jeden Tag gehen einem Menschen über 60.000 Gedanken durch den Kopf. Die meisten davon sind wiederkehrend, und wir sind uns ihrer nicht bewusst. Du musst sie also aktiv aufspüren. Die negativen Gedanken, die von deiner inneren Stimme erzeugt werden, gehören in der Regel zu einer der folgenden Kategorien:

- **Selbstvorwürfe**: Du gibst dir selbst die Schuld für Dinge, die außerhalb deiner Kontrolle liegen.

- **Hellsehen**: Voreilige Schlüsse über etwas zu ziehen, das noch nicht geschehen ist. „Morgen bei der Besprechung werde ich zusammenbrechen."

- **Gedankenlesen**: Zu glauben, dass du weißt, was andere Menschen denken. „Ich wette, die denken, was für ein Chaot ich bin."

- **Katastrophendenken**: Übertreibung von Gefahren und Unterschätzen deiner Möglichkeiten, damit fertigzuwerden. „Wenn ich diese Prüfung nicht bestehe, ist alles vorbei."

- **Selektive Wahrnehmung**: Als würdest du eine Sonnenbrille aufsetzen, die alles dunkler macht und nur bestimmte Details durchlässt, andere ausblendet und generell alles nur auf eine bestimmte Weise interpretiert. „Mein Nachbar hat mich heute nicht gegrüßt – er ist so unhöflich."

- **Dichotomisches Denken**: schwarz oder weiß, ohne Grauzonen. „Ich bin völlig nutzlos."

- **Positive Aspekte verleugnen**: Die Normalisierung oder Verharmlosung von guten Dingen, ohne ihnen ihren wahren Wert zuzuordnen. „Was ich erreicht habe, ist nicht so toll, es war ziemlich einfach."

- **Schubladendenken**: Etwas auf der Grundlage ganz bestimmter Kriterien zu beurteilen. „Ich habe ihnen nicht gesagt, was ich denke – das macht mich zu einem Feigling."

- **Emotionales Denken**: Der Gedanke, dass das, was du fühlst, der Realität entspricht. „Ich fühle mich in der Klasse wie ein Außenseiter, also muss ich antisozial sein."

2. Prüfe alle Fakten genau

Was ist das Schlimmste, was passieren könnte? Unsere Gedanken sind unsere Wahrnehmung der Realität. Diese Wahrnehmung ist jedoch oft verzerrt. Unsere innere Stimme kann sich negativ auf unsere Sicht der Dinge auswirken. Versuche zur Abwechslung, die Fakten objektiv und mit neuen Augen zu betrachten.

Wenn deine innere Stimme dir sagt, dass du diesen Job nicht bekommen wirst, schaue dir die Fakten noch einmal genauer an. Warum solltest du die Stelle nicht bekommen? Erfüllst du die Anforderungen nicht? Kannst du die Fragen im Vorstellungsgespräch vielleicht nicht beantworten? Nimm dir ein Blatt Papier, ziehe einen Strich in der Mitte und notiere die Gründe für und gegen diesen negativen Gedanken. Wie sieht es jetzt aus? War der negative Gedanke richtig? Jedes Mal, wenn Zweifel aufkommen, holst du dir dein Selbstvertrauen zurück, indem du die Fakten objektiv analysierst.

3. Hake es ab

Das Leben ist kein Zuckerschlecken. Du wirst schlechte Tage haben und du wirst Fehler machen. Wenn du dich ständig damit beschäftigst, gibt das deinem inneren Kritiker nur noch mehr Munition, mit der er dich angreifen kann. Denke über das Ereignis nach, das dich beunruhigt, und überlege dir, was schiefgelaufen ist – aber denke daran, dass du das Geschehene nicht ändern kannst, ganz gleich, wie oft du es dir durch den Kopf gehen lässt. Du wirst dich dadurch nur noch schlechter fühlen.

Der Trick, um diesen Teufelskreis zu stoppen, besteht darin, eine Aktivität zu finden, die dich ablenkt. Versuche nicht, nicht mehr an das Geschehene zu denken, denn dadurch bleibt es nur noch mehr im Vordergrund und macht es schwieriger, die Sache abzuhaken. Ich schlage vor, spazieren zu gehen, eine neue Aufgabe zu beginnen, zu meditieren oder ein altes Hobby wieder aufzunehmen.

4. Schaffe Ausgleich zwischen Akzeptanz und Wachstum

Positives Denken erfordert, dass du sowohl deine Stärken als auch deine Schwächen anerkennst. Es ist jedoch ein Unterschied, ob du Schwächen akzeptierst oder dich ihnen ergibst. Du musst verstehen, dass du dich weiterentwickeln musst. Das Erkennen deiner Schwächen ist der erste Schritt zu einem neuen Ich. Als Lebewesen müssen wir ständig wachsen und uns weiterentwickeln – und mit dem Wachstum kommt Verbesserung.

5. Versuche es mit netten Worten

Dein Denken wird dadurch beeinflusst, mit welchen Worten du denkst und sprichst. Diese Worte – ob an dich selbst oder an andere gerichtet – beeinflusst deinen Gemütszustand. In einem Gespräch können deine Worte auch die Art und Weise beeinflussen, wie andere auf dich reagieren.

Zunächst solltest du dich der negativen Wörter in deinem Wortschatz bewusst machen, bevor du versuchst, sie loszuwerden. Hast du

Angst vor dem Test? Oder bist du in Wirklichkeit nur nervös? Bist du sauer auf Robert oder nur verärgert? Beachte, dass die erstgenannten Wörter negativer und emotional intensiver sind.

Ich empfehle dir, eine Liste mit den negativen Wörtern zu erstellen, die du täglich am häufigsten verwendest. Schreibe dann daneben eine positive – oder wenigstens weniger negative – Alternative. Der nächste Schritt besteht darin, zu versuchen, die neuen Alternativen in deinen Wortschatz aufzunehmen. Das mag anfangs schwierig sein, aber je mehr du das übst, desto mehr wird sich deine Denkweise ändern und du wirst anfangen, es zu tun, ohne überhaupt darüber nachzudenken.

6. Lächle mehr

Versuche, die lustige Seite der Dinge zu sehen. Studien haben gezeigt, dass ein Lächeln dich positiver stimmt. Ein echtes Lächeln ist dabei am wirkungsvollsten, aber auch ein falsches Lächeln hilft, denn dein Gehirn kann nicht zwischen beiden unterscheiden und schüttet trotzdem Endorphine aus.

7. Umgib dich sich mit positiven Menschen

Die Menschen in deinem Umfeld beeinflussen deine Einstellung; ihre allgemeine Lebenseinstellung steckt dich an. Wenn du dich mit Menschen umgibst, die sich anspruchsvolle Ziele setzen, wirst auch du ehrgeiziger werden. Auf die gleiche Weise wird die Gesellschaft negativer Menschen deinen Stresspegel erhöhen.

8. Gib nicht auf

Zu Beginn hast du vielleicht das Gefühl, dass du keine großen Fortschritte machst. Selbst wenn du deine Unsicherheiten durch produktivere, positive Gedanken ersetzt haben, wird das Leben dich weiterhin vor Herausforderungen stellen. Wenn du wirklich anfangen willst, ein positives Leben zu führen, darfst du niemals aufgeben. Nimm dir vor, jeden Tag etwas in die Richtung zu unternehmen. Schaffe dir ein tägliches Ritual, suche ein Mantra, meditieren ... alles, was dir hilft, dich zu konzentrieren. Deine innere Stimme läuft schon seit Jahren frei herum; es wird eine Zeit dauern, sie zu zähmen.

9. Bleibe am Ball

Dein innerer Kritiker wird nicht einfach verschwinden. Das wäre auch nicht wünschenswert. Du brauchst ihn, um auf dem Boden der Tatsachen zu bleiben. Aber wie ein kleines Kind, das sich vor jeder Veränderung fürchtet und das Unbekannte hasst, kannst du ihn nicht mit allem davonkommen lassen. Du musst der Erwachsene sein und das Ruder übernehmen.

Wenn du die Rolle deiner inneren Stimme bei deinen negativen Emotionen verstehst, kannst du ein Gleichgewicht zwischen dem Hören auf sie und der Kontrolle über sie finden. Wenn dir das gelingt, wirst du selbstbewusster und durchsetzungsfähiger, und dein Leben wird sinnvoller und lohnender sein.

Zusammenfassung

Negativität ist eine toxische Saat, und wenn du ihr erlaubst, zu wachsen, kann sie jeden Aspekt deines Lebens verseuchen. Um zu verhindern, dass Negativität dich kontrolliert und alles zerstört, musst du anfangen, positiv zu denken. Um positiv zu denken, musst du zunächst deine negativen Gedanken erkennen, die Tatsachen objektiv überprüfen, Akzeptanz und Wachstum ausbalancieren, mit dir und anderen freundlicher reden, mehr lächeln, dich mit positiven Menschen umgeben und – vor allem – nicht aufgeben.

SCHRITT 4

Setze dir klare und realistische Ziele

„Mache dir deine Vision so klar, dass deine Ängste irrelevant sind."
— Anonym

Ziele geben uns Sinn und Richtung, und unser Selbstvertrauen wächst ganz natürlich, wenn wir wissen, wohin wir wollen. Wenn du dir keine Ziele setzt, beraubst du dich selbst einer deiner größten Quellen für mehr Selbstvertrauen.

Ohne Ziele erlebst du häufiger Misserfolge. Deine Fähigkeiten leiden, wenn du sie nicht konsequent und zielgerichtet einsetzt. Dadurch verlierst du auch den Glauben, etwas erreichen zu können.

Ziele sind für das Selbstvertrauen von grundlegender Bedeutung. Die meisten Menschen wissen jedoch nicht, wie man Ziele richtig setzt: klare, realistische Ziele, die uns die Motivation und den Glauben geben, die wir brauchen, um jedes Hindernis zu überwinden und das Beste in uns zum Vorschein zu bringen.

Stell dir vor, es ist der 1. Januar. Das letzte Jahr ist nicht so gelaufen, wie erhofft. Also beschließt du, dir eine Liste von Vorsätzen zu machen, damit die nächsten zwölf Monate auch wirklich so laufen, wie du es dir wünscht. Aber noch bevor der Februar kommt, sind deine neuen „Ziele" schon wieder über den Haufen geworfen. Kommt dir das bekannt vor? Du wärst überrascht, wie vielen Menschen es genauso geht wie dir. Sie formulieren voller Hoffnung Neujahrsvorsätze und machen, genau wie du, Jahr für Jahr genau dieselbe Liste, weil sie ein paar Wochen (vielleicht sogar nur ein paar Tage) später schon wieder das Handtuch werfen.

Es gibt Statistiken, denen zufolge es nur 9 % der Menschen schaffen, ihre Neujahrsvorsätze einzuhalten. Etwa 25 % schaffen es nicht über die erste Woche hinaus, 42 % schaffen es nicht bis zur fünften Woche und 80 % haben nach der achten Woche aufgegeben. Und doch erstellen wir jedes Jahr unsere „neue" Liste mit Vorsätzen.

Vielen von uns wurde nie beigebracht, wie man sich Ziele richtig setzt. Und ohne sie ist es wirklich schwer, in unserer überaus wettbewerbsorientierten Gesellschaft Erfolg zu haben. Ich habe auch lange gebraucht, um das zu erkennen. Jahrelang wusste ich nicht, wie man sich Ziele setzt – oder besser gesagt, ich wusste nicht, wie man sie richtig setzt.

Viele von uns wissen, wie wichtig es ist, sich Ziele zu setzen, aber nur wenige von uns haben als Kinder gelernt, wie das geht. Deshalb fassen wir jedes Jahr zu Neujahr neue Vorsätze, die wir ein paar Wochen später wieder aufgeben. Das Problem liegt in der Tatsache begründet, dass ein Vorsatz allein nicht wirklich ein Ziel ist. Ein Vorsatz ist allgemeiner und abstrakter, während ein Ziel viel konkreter ist. Wenn du dir zum Beispiel vornimmst, dieses Jahr fit zu werden, könnte dein Ziel sein, ein paar Mal pro Woche ins Fitnessstudio zu gehen. Wie du siehst, ist das Ziel viel klarer und definierter.

Wenn du lernst, dir klare, realistische Ziele zu setzen, wirst du zu den 9 % gehören, die es schaffen, ihre Vorsätze einzuhalten und zu erreichen. Ich selbst habe – wie so viele andere Menschen auch – über fünf Jahre lang die gleichen Vorsätze auf meine Neujahrsliste geschrieben, bis ich endlich gelernt habe, SMARTe Ziele zu setzen.

Der SMART-Fokus für klare, realistische Ziele

SMART ist eine Methodik für die Festlegung erreichbarer Ziele. Das Modell unterteilt ein Ziel in verschiedene Aspekte und bildet daraus eine Abkürzung, wobei jeder Buchstabe einem wesentlichen Teil der SMART-Zielsetzung entspricht.

1. Spezifisch (englisch: specific)

Wenn du dir ein SMART-Ziel setzt, darf es nicht zweideutig sein. Es ist einfacher, motiviert zu bleiben und ein Ziel zu erreichen, wenn es klar formuliert ist.

Ein SMART-Ziel beantwortet die folgenden Fragen: Was? Wie? Wo? Mit wem?

Je mehr Informationen du eingibst, desto einfacher wirst du dein Ziel erreichen. So kannst du auch feststellen, ob du alles hast, was du benötigst, oder ob du dir zusätzliche Unterstützung suchen solltest.

2. Messbar (englisch: measurable)

Wenn du den Fortschritt eines Ziels nicht misst, wirst du nie wissen, wie nahe du dem Ziel schon bist. Deshalb muss ein SMART-Ziel leicht messbar und quantifizierbar sein.

Ein messbares Ziel beantwortet die Frage: „Wie viel?“

Es reicht nicht, einfach zu sagen: „Ich möchte mehr Geld verdienen“. Ein besseres Ziel wäre: „Ich möchte mein monatliches Einkommen bis Ende des Jahres um 500 Euro erhöhen.“ Aber dieser Ansatz kann sich frustrierend anfühlen, wenn das Ziel weit entfernt zu sein scheint. Manchmal ist es einfacher, Aktionen statt Ergebnisse zu messen. Wenn die notwendigen Maßnahmen zum Beispiel darin bestehen, jeden Tag eine Stunde länger zu arbeiten oder zu lernen, solltest du dich darauf konzentrieren, diese Zeit zu messen. Ich persönlich bevorzuge diesen Ansatz, weil er eine entspanntere, positivere und kontinuierliche Bewertung ermöglicht.

3. Erreichbar (englisch: achievable)

Wenn du die 100 Meter in weniger als zehn Sekunden sprinten willst, aber weder Usain Bolt bist noch über einen ausgeprägten Sinn für Leichtathletik verfügst, setzt du dir ein unerreichbares Ziel. Lass das also lieber bleiben.

Ein SMARTes Ziel beantwortet die Fragen: Wie kann ich es tun? Kann ich es schaffen? Ist es realistisch?

Eine vorherige Analyse und eine gute Portion Realismus helfen dir, unnötige Enttäuschungen zu vermeiden, die deinem Selbstvertrauen schaden können. Als menschliche Wesen verlangen wir uns manchmal zu viel ab. Es ist gut, aus deiner Komfortzone herauszukommen, aber verlass dich dabei trotzdem auf deinen gesunden Menschenverstand.

4. Relevant (englisch: relevant)

Wenn du etwas wirklich willst, dann erreichst du es auch.

Vor ein paar Jahren hätte niemand geglaubt, dass Donald Trump der Führer der freien Welt werden würde. Viele Menschen haben ihn ausgelacht ... bis das Wahlergebnis bekannt gegeben wurde. Menschen haben Unmögliches geleistet und unvorstellbare Ergebnisse erzielt, weil etwas tief in ihrem Herzen sie dazu antrieb. Niemand weiß, wozu er fähig ist, bis er es tut.

Um diese Entschlossenheit und diesen Enthusiasmus zu erreichen, musst du herausfinden, ob das Ziel für dich zu diesem Zeitpunkt in deinem Leben überhaupt relevant ist.

Ein SMART-Ziel beantwortet die Fragen: Warum? Wozu?

Es reicht nicht, dich zu fragen: „Möchte ich das tun?“. Vielleicht willst du etwas einfach nur, weil du es für „richtig“ hältst, oder weil „andere es tun“. Frage dich stattdessen: „Warum möchte ich das überhaupt?“ Das Wissen um das Warum gibt dir die Motivation und Disziplin, die du benötigst, um deinen Mangel an Selbstvertrauen zu überwinden, und gibt dir die Fähigkeit, Berge zu versetzen.

5. Zeitlich fixiert (englisch: time-bound)

Fristen geben den Dingen, die wir tun, ein Gefühl von Dringlichkeit und Bedeutung. Ich habe festgestellt, dass ich effizienter und engagierter arbeite, wenn ich eine klar definierte Frist habe. Die Art von Anfangs- und Endstruktur, die ein Zeitrahmen dir gibt, schafft die Grundlage für die Messung deines Erfolgs. Es ist zum Beispiel ein großer Unterschied, ob du sagst, dass du bis September etwas Neues lernen möchtest, oder nur „irgendwann“.

Ein SMART-Ziel beantwortet die Frage: Wann?

Um die SMART-Methode zu beherrschen, musst du dir angewöhnen, sie immer zu verwenden, wenn du dir Ziele setzt. Ich verspreche dir, dass dieses Werkzeug die Macht hat, dein Leben vom ersten Tag an zu verändern. Aber denke daran – dieses System wird dir „nur“ dabei helfen, die richtigen Ziele zu setzen. Es liegt an dir, sie zu realisieren!

Vier einfache Tipps für die Erstellung von SMART-Zielen

1. Bereite einen Aktionsplan vor

Dein Ziel ist im Prinzip der Ort, an dem du am Ende ankommen möchtest. Du benötigst einen Plan, wenn du das schaffen möchtest. Viele Menschen konzentrieren sich so sehr auf das Ergebnis, dass sie die notwendigen Schritte, um es zu erreichen, vernachlässigen. Um diesen Fehler zu vermeiden, musst du einen detaillierten Aktionsplan erstellen. Ein sorgfältiger schriftlicher Plan gibt dir klare Ziele und einen Bezugspunkt, an dem du deine Fortschritte messen kannst. Du kannst sowohl deine Erfolge als auch alle Abweichungen von deinem ursprünglichen Plan notieren und dokumentieren. Smartphone-Apps können dir dabei helfen und die Zeit, die du für die Aufzeichnung und Messung deiner Aktivitäten benötigst, erheblich verkürzen.

2. Bleibe flexibel

Genau wie die SMART-Methode selbst war ich schon immer der Meinung, dass alles mess- und bewertbar sein sollte. Es gibt ein Sprichwort: Was man nicht messen kann, kann man auch nicht verbessern. Das bedeutet aber nicht, dass wir bei allem, was wir tun, nach Perfektion streben sollten – ganz im Gegenteil. Wenn dir auffällt, dass dein Plan verbesserungsfähig ist, kannst du bei Bedarf Änderungen vornehmen.

Wenn du dich daran gewöhnt hast, deine Fortschritte zu messen, wirst du auf einen Blick sehen können, was funktioniert und was nicht, sodass du einige Ziele anpassen und andere hinzufügen kannst.

3. Übernehme Verantwortung

Sowohl Aktivität als auch Untätigkeit müssen Konsequenzen haben. Es ist wichtig, dass du Verantwortung für dein Handeln übernimmst.

Belohne dich, wenn du gute Arbeit leistest, und bestrafe dich (in angemessenem Rahmen), wenn du deine grundlegenden Ziele nicht erreichst.

Dieses System aus Zuckerbrot und Peitsche ist eines der ältesten und effektivsten Systeme der menschlichen Zivilisation. Unsere Eltern und Lehrer haben es auf uns angewandt, als wir noch Kinder waren, und es funktioniert auch jetzt, da wir erwachsen sind. Vergiss also nicht, dich selbst zu belohnen, wenn du die Aufgaben, die du dir vorgenommen hast, erledigst. Gleichermaßen gilt, dir etwas vorzuenthalten, wenn du es nicht getan hast. Das ist nicht ganz einfach, denn du bist dein eigener Richter, Geschworener und Henker, sodass du versucht sein könntest, zu schummeln. Aber du kannst dir dabei auch helfen lassen.

4. Suche dir Unterstützung

Wir alle benötigen jemanden, der uns unterstützt. Dabei spielt es keine Rolle, ob es sich um einen bezahlten Fachmann oder um Freunde handelt, auf die wir uns verlassen können. Du musst nur die richtige Person – oder Gruppe – finden, mit der du reden und die dich unterstützen kann.

Zusammenfassung

Sich Ziele zu setzen ist essenziell, denn sie können dein Selbstwertgefühl und dein Selbstvertrauen massiv stärken. Das ist einfach, aber um die richtigen Ziele zu setzen – die, die dir tatsächlich helfen, jedes Hindernis zu überwinden – benötigst du ein System. SMART ist eine Methode, mit der du dir geeignete Ziele setzen kannst, indem du fünf einfache Richtlinien befolgst, die auf dem englischen Akronym SMART basieren: spezifisch, messbar, erreichbar (achievable), relevant und zeitlich fixiert (time-bound). Sobald du deine SMART-Ziele festgelegt hast, benötigst du einen guten Aktionsplan und etwas Flexibilität für notwendige Änderungen. Dazu kommt die Bereitschaft, Verantwortung zu zeigen, indem du dich selbst belohnst oder bestrafst und Unterstützung suchst, wenn dein Ziel dies erfordert.

SCHRITT 5

Pflege gesunde Beziehungen

„Eine gesunde Beziehung wird niemals verlangen, dass du ihr deine Freunde, deine Träume oder deine Würde opferst.“

— Mandy Hale

Gesunde Beziehungen entstehen zwischen zwei oder mehr Menschen, die sich ehrlich lieben und respektieren, mit positiver, wechselseitiger Kommunikation. Sie stützen sich aufeinander und ermutigen sich gegenseitig, vertrauen einander und existieren gleichzeitig als freie und unabhängige Wesen.

Wir können mit jedem Menschen eine gesunde Beziehung haben. Das können Eltern, Freunde, Lehrer oder der Kellner in Ihrem Lieblingsrestaurant sein ... wir haben jeden Tag mit anderen Menschen zu tun, und das Leben ist viel einfacher, wenn diese Interaktionen im Rahmen einer gesunden Beziehung stattfinden. Daraus ergeben sich unzählige Vorteile. Das Problem ist jedoch, dass nicht alle unsere Beziehungen gesund sind.

Viele Menschen stecken in ungesunden Beziehungen mit schlechter Kommunikation fest und sind nicht in der Lage, sich frei auszudrücken. Diese Beziehungen können toxisch werden und uns, unser Selbstwertgefühl und Selbstvertrauen am Ende zerstören. Lass mich eine Geschichte erzählen, die illustriert, welche enormen Auswirkungen eine toxische – oder zumindest ungesunde – Beziehung auf unser Leben haben kann.

Während eines Praktikums für den Master in Business Management, das ich im Alter von 29 Jahren absolvierte, lernte ich Emma kennen. Sie war ein paar Jahre jünger als ich und machte ein Praktikum im selben Unternehmen. Es wurde schnell offensichtlich, dass Emma mit kaum jemandem sprach. Sie sagte fast nie mehr als „Guten Morgen" und vermied immer Situationen, in denen sie mit anderen interagieren musste. Glücklicherweise gelang es mir, ihr über unsere Liebe zu Fernsehserien näherzukommen, und ich gewann allmählich ihr Vertrauen. Wir wurden sogar Freunde.

Eines Tages erzählte mir Emma, dass ihre Eltern sich hatten scheiden lassen, als sie sieben Jahre alt war. Ihr Vater hatte eine andere Frau kennengelernt und eine neue Familie gegründet, und sie war bei ihrer Mutter geblieben. Anfangs sah sie ihren Vater jedes Wochenende, aber im Laufe der Jahre wurden die Besuche immer seltener, bis sie ihn kaum noch sah. Leider war auch mit ihrer Mutter alles andere als perfekt. Nach der Scheidung hatte sie sich auf ihre Karriere fokussiert, sodass sie nur wenig Zeit miteinander verbrachten und Emma in der Regel entweder allein zu Hause oder bei einem Nachbarn war.

Der völlige Mangel an Beteiligung ihrer Eltern an ihrer Kindheit und Jugend hatte ihr Selbstvertrauen negativ beeinträchtigt – vielleicht weil sie das Gefühl hatte, dass alles ihre Schuld war – und es wirkte sich auch negativ auf alle anderen Beziehungen aus.

Während ihrer gesamten Schulzeit ließ sich Emma auf toxische Beziehungen ein und erlangte schließlich zweifelhaften Ruhm als eine, die alles tun würde, um anderen zu gefallen.

Es mag den Anschein haben, dass diese Art von Beziehungen in die Kategorie „Schul-Episode“ fallen, die die meisten Menschen durchmachen und auch überwinden, aber für Emma ging es tiefer als das. Die Beziehungen aus dieser Zeit haben ihr Problem nur noch verstärkt und ihr ohnehin schon zerbrechliches Selbstwertgefühl weiter untergraben.

Auch in der Oberstufe waren die wenigen „Freunde", die sie hatte, keine große Hilfe. Einige nutzten sie aus, andere hielten sie für peinlich, und wieder andere befanden sich selbst in einer ähnlichen Situation. Um sich nicht einsam zu fühlen, verbrachte Emma die meiste Zeit in selbstsüchtigen, oberflächlichen Beziehungen, in denen sie um Aufmerksamkeit von toxischen Typen betteln musste, die sie psychisch und manchmal sogar körperlich misshandelten.

Erst nach dem Bachelor – kurz bevor sie den Masterstudiengang begann, in dem ich sie kennenlernte – merkte sie, dass etwas nicht stimmte. „Mir wurde klar, dass ich die meisten Jahre meines Studiums an Menschen verschwendet hatte, die sich bestenfalls überhaupt nicht für mich interessierten."

Als Folge davon, dass sie diesen kleinen Teil als Realität akzeptierte, verlor sie das Interesse an Menschen im Allgemeinen und beschloss, sich von der Welt abzuschotten. Nach dem Abitur und bevor wir uns kennenlernten, war Emma zu einem einsamen Wolf geworden. Sie misstraute jedem, der versuchte, sich ihr zu nähern, und vermied jede Art von Interaktion, weil sie glaubte, dass sie nichts zu bieten hatte. Mir gegenüber räumte sie ein: „Im Moment habe ich nicht einmal das Gefühl, dass ich mein Leben in irgendeiner Form steuere. Ich stehe einfach auf und gehe zur Arbeit. Ich habe keine Zukunftspläne. Ich glaube nicht, dass meine Ziele etwas bedeuten sind oder dass ich sie verdiene."

Zum Glück für Emma kannte ich mich zu dieser Zeit bereits gut in der Welt der persönlichen Weiterentwicklung aus. Leider war ich nicht die richtige Person, um ihr zu helfen (Therapeuten bzw. Life Coaches und Patienten sollten nicht befreundet sein), aber ich konnte ihr einen Fachmann empfehlen. Sie buchte Sitzungen bei ihm, und er half ihr, ihr Leben in nur wenigen Monaten umzukrempeln, Selbstvertrauen aufzubauen und das Gefühl zurückzuerlangen, die Kontrolle über ihr Leben zu übernehmen. Heute hat Emma Freunde, die zu ihr stehen, sie ist mit einem tollen Mann verheiratet und sie haben sowohl gemeinsam als auch als Einzelpersonen Pläne und Ziele, die ihrem Leben Sinn und Bedeutung geben.

Emmas Geschichte ist nur ein Beispiel dafür, wie toxische Beziehungen dein Selbstvertrauen und dein Selbstwertgefühl schädigen können und welche verheerenden Auswirkungen dies langfristig haben kann. Ich bin mir sicher, dass du die Menschen in deinem Umfeld, die dein Selbstvertrauen ständig untergraben und dich mit sarkastischen oder abfälligen Kommentaren an deinen Fähigkeiten zweifeln lassen, leicht identifizieren kannst. Es spielt keine Rolle, wer sie sind oder in welcher Beziehung sie zu dir stehen; **entferne sie aus deinem Leben**.

Frage sich selbst: Hilft mir diese Person oder Beziehung dabei, das Beste in mir zum Vorschein zu bringen? Bringt sie mein Leben ins Gleichgewicht, unterstützt sie mich und ermutigt sie mich, meine Ziele zu erreichen?

Wenn die Antwort nein lautet, warum bist du dann noch in dieser Beziehung? Warum widmest du dieser Person noch immer deine Zeit? Was nützen dir Freunde, Familie, Kollegen oder Partner, wenn sie in deinem Leben nichts Gutes bewirken?

Wenn du echtes Selbstvertrauen entwickeln willst, **musst du dich von den Menschen trennen, die dir nicht helfen, weiter zu wachsen.**

Zusammenfassung

Die Pflege gesunder Beziehungen ist eine der Grundlagen für die Stärkung deines Selbstbewusstseins. Zu den Vorteilen einer solchen Beziehung gehören die Reduktion von Stress, eine allgemeine Verbesserung deiner Stimmung, eine höhere Lebenserwartung, ein neues Gefühl für Zielstrebigkeit und die Fähigkeit, deine Ziele ohne Angst zu verfolgen. Wir alle verdienen es, von Menschen umgeben zu sein, die uns aufrichtig und von Herzen lieben und respektieren. Wir dürfen nicht zulassen, dass toxische Menschen oder Beziehungen in unser Leben treten.

SCHRITT 6

Sei auf Rückschläge gefasst; teile deine Probleme auf und löse sie.

„Erfolg besteht darin, von Fehlschlag zu Fehlschlag zu gehen, ohne seine Begeisterung zu verlieren.“

— Winston Churchill

In Science-Fiction-Filmen braucht es in der Regel mehrere Versuche, bis es Wissenschaftlern gelingt, einen Prototyp zu entwickeln, der funktioniert (sei es eine Maschine, ein Code oder ein Heilmittel gegen Zombies). Ich weiß, dass die Filme übertreiben, aber in diesem Punkt haben sie nicht Unrecht: Es können zehn, hundert oder tausend Versuche notwendig sein, bis der Protagonist endlich den richtigen Weg findet. Es ist unvermeidlich, dass du auf dem Weg zum Erfolg mindestens einmal scheitern wirst. Sei dir also bewusst, dass es Rückschläge geben wird. Das Scheitern kann sich in Form von kleinen Fehlern oder großen Patzern mit weitreichenden Folgen zeigen. Das ist der Preis dafür, aktiv zu werden, zu versuchen, deine Komfortzone zu verlassen.

Angesichts der hohen Wahrscheinlichkeit, dass solche Rückschläge eintreten, ist es erstaunlich, dass sich so viele Menschen nicht auf sie vorbereiten. Wenn du sich auf etwas nicht vorbereitest, lässt du dich von deinen Instinkten leiten. Das ist gefährlich, denn die Art und Weise, wie du mit Misserfolgen umgehst und auf sie reagierst, beeinflusst deine Erfolgschancen. Kleine Fehler – ganz zu schweigen von größeren Schwierigkeiten – können einen großen Schlag für dein Selbstvertrauen bedeuten, insbesondere wenn du ohnehin schon unsicher bist. Aber mit der richtigen Vorbereitung kannst du die Auswirkungen von Rückschlägen besser kontrollieren.

Sich auf Rückschläge vorzubereiten, heißt, mit ihnen zu rechnen. Das bedeutet aber nicht, sie sich zu wünschen. Im Gegenteil: Du versuchst, die Auswirkungen eines Misserfolgs zu verringern, indem du realistische Erwartungen pflegst und Notfallpläne entwickelst, die dir helfen, alle Hindernisse zu überwinden. Nehmen wir das Beispiel vom Motorradfahren. Motorradfahrer benutzen Schutzausrüstung wie Helme und Protektoren. Das Tragen dieser Ausrüstung bedeutet nicht, dass der Fahrer in einen Unfall verwickelt werden will; er versucht lediglich, die Risiken zu verringern, falls es zu einem Unfall kommt. Wenn du richtig vorbereitet bist, kannst du Misserfolge leichter überwinden und deine Erfolgschancen verbessern.

Warum du keine Angst vor dem Scheitern haben solltest und wie du Rückschläge in Chancen verwandeln kannst

1. Probleme bedeuten Chancen

Lasse dich von deiner Angst vor dem Scheitern nicht davon abhalten, das zu tun, was für den Erfolg notwendig ist. Rückschläge bedeuten, dass du dich tatsächlich vorwärts bewegst, was wiederum bedeutet, dass der Erfolg in greifbarer Nähe ist. Wir Menschen haben Angst davor, Fehler zu machen, weil wir sie als Spiegelbild unserer Fähigkeiten und unserer Persönlichkeit sehen. Aber Menschen, die nach zahlreichen Misserfolgen Erfolg haben, sind der Beweis dafür, dass Fehler von unseren Handlungen herrühren, nicht von uns als Person.

Wenn du dich von deinen Ergebnissen bestimmen lässt, ist das ein Zeichen dafür, dass du all deine Hoffnungen in die Aktionen setzt, die dir diese Ergebnisse bringen. Es ist eine Alles-oder-Nichts-Mentalität. Aber wir wissen, dass das in der Realität nicht funktioniert. Du musst jede deiner Aktionen als das sehen, was sie ist: ein von vielen möglichen Versuchen oder Ansätzen. Wenn sich das Experiment auszahlt, dann ist das großartig! Wenn nicht ... versuche es auf andere Weise. Aber versuche dabei immer, sicherzustellen, dass das nächste Experiment besser ist als das letzte. Schaue dir die Stärken und Schwächen früherer Versuche genau an, um zu wissen, was zu verändern oder verbessern kannst, und was du ganz neu angehen musst.

Wir neigen dazu, diese kleinen Anpassungen zu unterschätzen. Die einzige Möglichkeit, dein Potenzial zu erkennen, besteht darin, weitere Maßnahmen zu ergreifen, es erneut zu versuchen, neue Fehler zu machen und weitere Rückschläge zu erleiden. Auch Athleten müssen härter trainieren, öfter fallen, sich mehr Gegnern stellen, um ganz nach oben zu kommen.

Erfahrung ist der einzige Weg, um immer besser zu werden. Habe also keine Angst vor Rückschlägen – lerne aus ihnen und werde immer besser, stärker und klüger.

2. Lerne und werde besser

Es ist leicht, kleine Fehler zu bewältigen und zu überwinden. Aber manche Rückschläge sind ernster und traumatischer. Sie können deine Persönlichkeit verändern und dich zu einem völlig anderen Menschen machen. Ein Therapeut würde sagen, dass eine solche Person sich vom Scheitern hat definieren lassen.

Betrachte Fehler als Lektionen: Lektionen, die dir wertvolles Wissen bringen. Nimm dir ein Beispiel an den Wissenschaftlern – alle ihre Entdeckungen und Innovationen kamen erst nach zahlreichen gescheiterten Versuchen zustande. Wenn du ein Unternehmer bist und dich nach dem sechsundzwanzigsten gescheiterten Versuch, das Hoverboard aus Zurück in die Zukunft zu entwickeln, wieder aufraffst, sagst du nicht: „Ich bin sechsundzwanzigmal gescheitert". Sage dir stattdessen: „Ich habe sechsundzwanzig Wege gefunden, die nicht funktionieren!".

Ein Mensch, der sich weiterentwickeln will, kann sich den Luxus der Angst vor dem Scheitern nicht leisten. Unsere gesamte Zivilisation hat sich aus Scheitern, Lernen und Verbessern entwickelt. Erwarte nicht, dass du in einer geraden, ununterbrochenen Flugbahn von null auf hundert kommst. Manche Menschen haben vielleicht das Glück, keine Schwierigkeiten, Rückschläge oder Enttäuschungen erleiden zu müssen. Aber denke daran: Sie sind die Ausnahme, nicht die Regel. Selbst Menschen wie Steve Jobs, Winston Churchill und Alexander der Große hatten ihre Probleme. Wenn du dein Leben verändern und Großes erreichen willst, gehört das Scheitern leider dazu. Die Frage ist nur, ob du dich davon unterkriegen lassen willst oder es zu deinem Vorteil nutzen kannst.

3. Scheitern ist der beste Lehrer

Die Wahrheit ist, dass wir dazu neigen, nicht über das Scheitern sprechen zu wollen – weder über das Scheitern berühmter Vorbilder, noch über das Scheitern von Menschen, die uns persönlich nahestehen. Vielleicht konzentrieren wir uns auf Erfolgsgeschichten, weil es sich besser anfühlt, ihnen zuzuhören, als erzählt zu bekommen, was schiefgelaufen ist. Nun, das ist ein Fehler – aus Misserfolgen kann man viel mehr lernen als aus Erfolgen.

Erfolg kann uns schnell arrogant und hochmütig machen. Wie viele Kinderstars sind auf die schiefe Bahn geraten, bevor sie fünfundzwanzig waren? Vergleiche sie mit Schauspielern, die ihren großen Durchbruch erst mit Ende zwanzig oder Anfang dreißig hatten.

Diese Stars sind in der Regel reifer, motivierter und bescheidener. Jahrelange Ablehnung und harte Arbeit können diese positive Auswirkung auf Menschen haben.

Erfolg ist das ultimative Ziel, aber auf dem Weg dorthin musst du mit Hindernissen fertig werden. Michael Jordan sagte einmal: „Ich habe in meinem Leben immer und immer wieder versagt. Und genau deshalb bin ich erfolgreich." Menschen, die in ihrem Leben mit Problemen konfrontiert wurden, sind weniger selbstgefällig. Wenn du deine Komfortzone verlässt, besteht immer die Gefahr, zu scheitern – aber mutige Menschen sehen Rückschläge als Chance für den Erfolg.

4. Lerne aus deinen Fehlern

Bis jetzt habe ich nur über die Vorteile von Rückschlägen gesprochen – es wäre aber höchst unverantwortlich von mir, nicht zu erwähnen, dass nicht alle Fehler oder Rückschläge gleich sind. Ja, du kannst aus allen Fehlern lernen – aber nicht alle sind es wert, beachtet zu werden. Denke daran, dass die Vorbereitung auf Rückschläge auch dazu beiträgt, das Risiko des Scheiterns zu verringern.

Stürze dich sich nicht blindlings in etwas hinein. Du musst das Risiko jedes Abenteuers, auf das du sich einlässt, kalkulieren. Gehe mit Rückschlägen ebenso verantwortungsvoll um wie mit deinen Zielen. Und denke daran, dass Fehler ein Versagen einzelner Aktionen sind, nicht der Menschen, die sie begehen. Konzentriere dich auf deine Handlungen, passe gut auf und lerne daraus.

5. Ändere deine Denkweise

Was ist Scheitern, wenn nicht Erfolg im Verborgenen? Wenn du das verstehst, wird es dir helfen, deine Angst vor dem Scheitern zu mindern. Wenn wir die Erfolge anderer aus der Ferne betrachten, ist es leicht, all ihre Misserfolge zu ignorieren. Genauso könnten andere Menschen deine eigenen Erfolge sehen und denken, dass sie dir einfach in den Schoß gefallen sind.

Rückschläge sind Teil des Weges zum Erfolg. Wenn du also einen Rückschlag erleidest, nimm ihn als Zeichen dafür, dass du immer noch unterwegs bist und noch nicht gescheitert sein kannst. Du hast lediglich einen Weg entdeckt, der nicht funktioniert. Die einzige logische Option ist, eine neue Route zu finden, die dich näher an dein Ziel bringt. Wenn du Rückschläge als Chance siehst, neue und aufregende Abenteuer zu erleben, bist du dem Erfolg einen Schritt näher gekommen.

6. Lerne von anderen Menschen

Die Menschheit kämpft schon so lange mit den gleichen Problemen, dass du sicher sein kannst, dass irgendwo ein Mensch vor dem gleichen Hindernis gestanden hat, vor dem du gerade stehst. Lerne von diesen Menschen. Wir leben im Informationszeitalter – ich wette, dass du mit einer kurzen Google-Suche Dutzende von Büchern und Hunderte von interessanten Artikeln finden kannst. Nimm dir sich etwas Zeit, um die Biografien berühmter Menschen zu lesen, und achte in gleichem Maße auf ihre Erfolge wie auf ihre Misserfolge.

Jedes Mal, wenn du einen großen Rückschlag erlebst und das Gefühl hast, dass du nicht weitermachen kannst, greife zu diesen Büchern. Lasse dich von den Beispielen deiner Vorbilder inspirieren und motivieren. Du kannst auch die Menschen in Ihrem Umfeld um Rat fragen – aber denke daran, dass viele Menschen versuchen werden, dich davon abzubringen, ein Risiko einzugehen. Konformismus und Angst vor dem Scheitern werden dich zu einem mittelmäßigen Menschen machen; die Fähigkeit, (kontrollierte)

Risiken einzugehen, wird dich über den Rest hinauswachsen lassen.

Teile und erobere

Antike militärische Strategien haben inzwischen auch Aspekte unseres täglichen Lebens erreicht. Topmanager lesen vor dem Schlafengehen „Die Kunst des Krieges", Politiker wenden machiavellistische Taktiken an und Unternehmer nutzen die Lehren von Alexander dem Großen. „Teile und herrsche" ist eine der ältesten Strategien, die es gibt. Heutzutage finden wir sie in jedem Sektor, von der Sportakademie bis zur Computerherstellung.

Diese Strategie wurde populär, weil sie sehr nützlich ist, wenn es darum geht, anspruchsvolle und komplexe Aufgaben zu bewältigen: Aufgaben, die zunächst unüberwindbar erscheinen. Stell dir vor, du hättest eine Aufgabe zu erledigen, die dir so groß und herausfordernd erscheint, dass du wie gelähmt bist und dich nicht in der Lage fühlst, sie anzugehen. Alles, was du tun musst, ist, diese große Aufgabe in mehrere kleinere, besser zu bewältigende Teilaufgaben aufzuteilen. Auf diese Weise kannst du sie nach und nach erledigen.

Hier ist ein Beispiel dafür, wie diese Taktik funktioniert.

Stell dir vor, du bist nervös, weil Sie an einer Veranstaltung deiner Firma teilnehmen musst, zu der du eigentlich nicht gehen willst. Der erste Schritt besteht darin, herauszufinden, wie lange du wirklich auf der Veranstaltung bleiben musst, bevor du gehen kannst. Nehmen wir an, du entscheidest, dass du nach fünfundvierzig Minuten gehen kannst. Jetzt musst du nur noch so lange „überleben" :)

Schreibe eine Liste mit den Dingen, die in diesen fünfundvierzig Minuten zu erledigen sind. Musst du dich unter die Kollegen mischen, X neue Kontakte knüpfen, ein Projekt mit einem Kollegen besprechen oder ein paar Minuten damit verbringen, dem Chef in den Hintern zu kriechen? Weise jeder dieser Aufgaben eine Reihenfolge und eine bestimmte Zeitspanne zu. Sobald du auf der Veranstaltung bist, erledigst du eine nach der anderen. Du kannst dir sogar einen Wecker stellen, wenn du möchtest – aber ich garantiere dir, dass du die Zeit vergessen wirst, wenn du einmal angefangen hast, die Aufgaben auf deiner Liste abzuarbeiten.

„Teile und herrsche" funktioniert bei der Arbeit, beim Abnehmen, bei der persönlichen Entwicklung und vielem mehr. Du wirst es vielleicht bereits anwenden, ohne dir dessen bewusst zu sein. Alles, was du jetzt tun musst, ist, das Prinzip häufiger und bewusster einzusetzen.

Zusammenfassung

Das Leben ist nicht perfekt, du musst mit Rückschlägen, Misserfolgen und Enttäuschungen rechnen. Das heißt nicht, dass du negativ eingestellt sein musst – es bedeutet lediglich, dass du auf jedes Ergebnis vorbereitet sein solltest. Erinnere dich zunächst daran, dass mehr Rückschläge auch mehr Chancen bedeuten. Das wird deine Denkweise ändern und dir helfen, aus deinen Fehlern zu lernen und an deinen Misserfolgen zu wachsen. Lass dich also nicht entmutigen, falls du stolpern solltest. Lasse nicht zu, dass Misserfolge dein Selbstvertrauen untergraben. Im Gegenteil: Betrachte sie als Chance, das Beste in dir zum Vorschein zu bringen.

SCHRITT 7

Verbessere deine Fähigkeiten und entwickle deine Kompetenz

„Kontinuierliches Lernen ist die Mindestvoraussetzung für Erfolg, egal in welchem Bereich."

— Denis Waitley

Wenn du etwas gut kannst, fühlst du sich selbstbewusster. Kompetente Menschen halten ihren Kopf hoch, egal wo sie sich befinden. Es gibt kein besseres Gefühl, als zu wissen, dass man etwas kann, was andere nicht können, und das auch noch gut. Kompetenz gibt deinem Selbstvertrauen einen enormen Auftrieb.

Kompetenz sollte ein Prozess der kontinuierlichen Verbesserung sein. Wenn du damit aufhörst, fängst du an, einzurosten. Es gibt immer etwas, das du verbessern kannst. Betrachte also dein Streben nach Kompetenz als eine Reise, die erst mit dem Tod endet.

Glaube nicht, dass du bereits dein volles Potenzial erreicht hast, nur weil du über dem Durchschnitt liegst oder besser bist als deine Mitmenschen. Auf Wachstum muss mehr Wachstum folgen. Wende diese Philosophie auf jeden Bereich deines Lebens an. Strebe stets danach, alle deine Fähigkeiten zu verbessern und dich selbst, deine Karriere und deine Beziehungen zu anderen Menschen weiterzuentwickeln.

Sportler hören nicht auf zu trainieren, wenn sie erfolgreich sind. Normalerweise erhöhen sie sogar die Intensität ihres Trainings, wenn sie gut abschneiden, denn sie haben Menschen um sich herum und Ziele, die sie motivieren, weiterzumachen. Das können Rivalen, Trainer oder auch das Streben nach Ruhm sein.

Vermutlich kannst du dir den Luxus eines persönlichen Trainers nicht leisten, der dich motiviert, dich weiterzuentwickeln. In diesem Fall liegt die Verantwortung, genau wie bei den meisten von uns Normalsterblichen, bei dir selbst. Finde heraus, welche Bereiche dich am meisten interessieren, und entwickle deine Fähigkeiten entsprechend weiter. Wenn du in diesen Bereichen trainierst, wirst du effizienter, machst weniger Fehler und erzielst mehr Erfolg, was wiederum dein Selbstvertrauen wachsen und gedeihen lässt.

Selbstvertrauen, oder der Mangel daran, ist immer etwas Persönliches. Deine Einstellung zu dir selbst hat einen viel größeren Einfluss auf dein Selbstvertrauen als deine Beziehungen zu anderen Menschen. Es liegt an dir, ob du dein eigener bester Freund oder Ihr schlimmster Feind bist. Wenn du dich für Ersteres entscheidest, solltest du deiner persönlichen Weiterentwicklung Vorrang einräumen.

Beurteile die Auswirkungen, die deine Schwächen und Stärken auf deine Ziele haben. Entwickle dann die Fähigkeiten, die dir dabei helfen, diese Ziele zu erreichen. Bei der persönlichen Weiterentwicklung geht es darum, zu reifen und dein Potenzial zu maximieren, damit du ein erfüllteres Leben führen kannst. Es ist sozusagen deine persönliche Evolution. Du wirst für den Rest deines Lebens deine Fähigkeiten weiterentwickeln und dein Wissen erweitern. Bildung hört nicht mit der Schule auf. Denk daran: Du benötigst keinen Lehrer, um weiterzulernen, obwohl ein guter Mentor natürlich immer nützlich ist.

Als Erstes solltest du dir überlegen, welches Wissen du erwerben möchtest. Wissen nimmt keinen Platz weg, und dein Gehirn hat eine fast unbegrenzte Kapazität zum Lernen – leider ist deine *Zeit* begrenzt. Wähle also sorgfältig aus, welche Fähigkeiten das größte Potenzial haben – diejenigen, die dir am meisten dabei helfen werden, sowohl persönlich als auch beruflich zu wachsen – und konzentriere dich darauf. Das nennt man persönliche Weiterentwicklung, denn es liegt an dir persönlich, die Fähigkeiten zu identifizieren und zu entwickeln, die für dich und deinen Lebenserfolg wichtig sind.

Wichtige Fähigkeiten, die du verbessern solltest

1. Führungsqualitäten

Wenn du willst, dass man dir folgt, musst du lernen, zu führen. Wir erinnern uns an große Führungspersönlichkeiten aufgrund ihrer Fähigkeit, andere für ihre Ziele zu gewinnen und die Menschen um sie herum zu motivieren. Gefolgsleute sind ein Spiegelbild ihrer Vorbilder.

2. Sozialkompetenz

Auch bekannt als zwischenmenschliche Kompetenz. Wir alle sind uns der Auswirkung von verbaler und nonverbaler Kommunikation bewusst und beherrschen diese mehr oder weniger gut. Wenn du deine sozialen Fähigkeiten verbesserst, wird es für deine Mitmenschen einfacher, dich zu verstehen und eine Beziehung zu dir aufzubauen.

3. Kommunikation

Du bist ein guter Kommunikator, wenn die Art, wie du sprichst, zuhörst und schreibst, klar, effizient und prägnant ist. Du hast bestimmte Vorstellungen und Gefühle, und dein Gesprächspartner hat andere. Da du vermutlich nicht Gedanken lesen kannst, ist Kommunikation die einzige Möglichkeit, Informationen mit anderen Personen auszutauschen. Ein Mangel an kommunikativen

Fähigkeiten hat im Laufe der Geschichte der Menschheit zahllose Kriege ausgelöst und Millionen Tote gefordert – es ist eine Fähigkeit, die du nicht unterschätzen solltest oder gar annehmen, dass du sie bereits perfekt beherrschst. Deine Erfolgsaussichten steigen, wenn du lernst, klar und deutlich zu sprechen und immer den richtigen Ton zu treffen.

4. Problemlösung

Der Unterschied zwischen Menschen, die Erfolg haben, und Menschen, die scheitern, liegt in der Regel in ihrer Problemlösungskompetenz. Die einzige Möglichkeit, Probleme ganz zu vermeiden, besteht darin, morgens nicht aufzustehen. Und da dies keine Option ist, musst du lernen, dich Problemen zu stellen. Sie objektiv einzuschätzen und Lösungen zu finden, die funktionieren, ist eine der Fähigkeiten, die dir am meisten helfen werden, im Leben erfolgreich zu sein.

5. Organisation

Wir Menschen – zumindest die meisten von uns – mögen Ordnung und Vorhersehbarkeit. Ich weiß nicht, wie es dir geht, aber ich fühle mich im Chaos unwohl und bin daher weniger produktiv. Wenn du lernst, zu organisieren, zu planen und einen Zeitplan aufzustellen, wird dein Leben einfacher und lohnender sein.

6. Integrität

Warren Buffett sagte einmal: „Achten Sie bei einer Person auf drei Dinge: Intelligenz, Energie und Integrität. Wenn Sie letzteres nicht haben, brauchen Sie sich um die ersten beiden gar nicht zu kümmern." Integrität ist das, was die Menschen dazu bringt, dir zu vertrauen. Es ist die Eigenschaft, die dich dazu bringt, die Wahrheit zu sagen und das Richtige zu tun. Die Menschen um dich herum werden wissen, dass dein „Ja" auch „Ja“ bedeutet und dein „Nein“ eindeutig „Nein“.

7. Anpassungsfähigkeit

Das Leben wird dich von Zeit zu Zeit mit unerwarteten Wendungen erschrecken. Gerade wenn du glaubst, dass dich nichts mehr überraschen kann, wird sich herausstellen, dass das Universum etwas Neues in petto hat. Lerne, dich in neuen und unbekannten Situationen zurechtzufinden. Bleibe ruhig und passe dich schnell an.

Wie du diese Fähigkeiten entwickeln kannst

Sobald du herausgefunden hast, welche Fähigkeiten für dich wichtig sind (ich bin sicher, dir fallen noch viele weitere ein, die nicht auf meiner Liste stehen), besteht der nächste Schritt darin, diese zu entwickeln.

1. Setze dir klare Ziele

Ich empfehle dir, das Kapitel über die Festlegung von Zielen noch einmal durchzugehen. Wende die SMART-Methode an, um deine Selbstentwicklungsziele zu erstellen. Wenn du versuchst, mehrere Fähigkeiten zu verbessern, ist es einfacher, diese nacheinander anzugehen. Erinnere dich: „Teile und herrsche".

2. Lies viel

Lies viel, sieh dir Lehrvideos an und besuche Online-Kurse. Wissen ist Macht, wie man so schön sagt. Lies alles mit Bezug auf deine Ziele und eigne dir sich das notwendige Wissen an, um sie zu erreichen. Beschränke deine Lektüre jedoch nicht nur auf konkrete Ziele. Lesen kann dir auch dabei helfen, deinen Wortschatz zu erweitern, deinen Geist anzuregen und Neues zu entdecken. Kurzum, lese so viel wie möglich – sowohl für die Arbeit als auch zum Vergnügen.

3. Schreibe deine Gedanken auf

Anders als du vielleicht denkst, ist das Führen eines Tagebuchs nicht nur etwas für Teenager. Es geht darum, Ideen und Gedanken zu notieren, damit du sie nicht vergisst. Schreibe über deine Ziele, deine Kämpfe, deine Erfolge, deine Stärken und deine Unsicherheiten. Ich habe sowohl ein physisches Tagebuch als auch mehrere Apps, damit ich alle meine Ideen festhalten kann. Das Tagebuch verwende ich, um in aller Ruhe zu schreiben, wenn ich mich zum Beispiel mit einem Kaffee hinsetze, und die Apps, um Ideen zu notieren, die mir unterwegs kommen.

4. Finde einen Mentor

Du benötigst Menschen, die du bewunderst und denen du vertrauen kannst. Eine Person in deinem Leben zu haben, die den Weg, auf dem du dich sich gerade befindest, bereits gegangen ist, wird dein Wachstum exponentiell beschleunigen.

Wenn du niemanden in deinem Leben hast und es dir nicht leisten kannst, einen Profi zu engagieren, empfehle ich dir, deinen „Guru“ in Büchern oder online zu finden und ihn oder sie sorgfältig zu studieren. Du kannst Bücher lesen, Videos ansehen oder (kostenlose) Kurse besuchen.

5. Bitte um Feedback

Es ist wichtig, dass du diesen Teil nicht ignorierst. Bemühen dich besonders darum, Menschen zu finden, die dir ehrlich und konstruktiv Feedback zu deinem persönlichen und beruflichen Leben geben können. Bitte deine Freunde, Familie, Kollegen und Vorgesetzten um ihre Meinung. Sie einfach zu fragen, was sie von dir halten, ist zu abstrakt, um eine gute Antwort zu erhalten. Frage sie stattdessen, was sie von einem bestimmten Verhalten oder Projekt halten. So erhältst du eine viel präzisere Antwort, mit der du arbeiten kannst, um dich zu verbessern.

Menschen, die dir sehr nahe stehen, geben dir möglicherweise eher voreingenommene, partielle Meinungen. Vielleicht ist es besser, die Meinungen von Menschen außerhalb deines direkten Umfeldes anzuhören, da diese sich noch keine Meinung über dich gebildet haben und daher keinen Grund haben, ihre Kommentare zu beschönigen, aus Angst, deine Gefühle zu verletzen.

Zusammenfassung

Kompetenz ist eine starke Quelle für Vertrauen. Manchmal reicht es nicht aus, zu wissen, wie man etwas macht – du musst wissen, dass du es besser kannst als andere Menschen. Um deine Kompetenz zu entwickeln, musst du zunächst an verschiedenen Aspekten deiner selbst arbeiten, z. B. an deinen sozialen, organisatorischen oder Führungskompetenzen. Es wird dir helfen, dir selbst klare Ziele zu setzen, deine Ideen und Gedanken zu notieren, einen Mentor zu finden und Meinungen von Menschen einzuholen, die dir nahestehen, aber auch von neutralen Kontakten.

SCHRITT 8

Geh, bevor du rennen kannst

„Große Dinge haben kleine Anfänge."

— T. E. Lawrence

Die Phrase „komm groß raus oder geh nach Hause" ist ein Trugschluss. Er funktioniert nur in ganz bestimmten Situationen, und in jedem Fall sind die Chancen, zu scheitern, so hoch, dass die meisten klugen Menschen sich gegen diesen „schnellen" Weg entscheiden, da sie die Vorteile eines langsamen, methodischen Vorgehens verstehen. Ich bezeichne den Ansatz der großen Schritte als risikoreich, den der kleinen Schritte als risikoarm. Ersteres erfordert zu viele Ressourcen – die so viele von uns nicht haben –, um wirkliche eine Erfolg versprechende Option zu sein.

Ich weiß, du strebst nach großen Dingen – ich auch. Wir wollen nicht mit der Touristenklasse fliegen, wenn wir vorne sitzen können. Und das überträgt sich auf jeden Aspekt unseres Lebens; unser Blick bleibt oft an großen, glänzenden Dingen hängen. Aber wir dürfen nicht vergessen, dass diese großen Dinge nicht auf Bäumen gewachsen sind. Große Errungenschaften hatten immer bescheidene Anfänge. Denke daran, dass Apple, Facebook und Microsoft in Garagen gegründet wurden.

Sieh dir die beständigsten Unternehmen oder Ideen an, die du kennst, und du wirst Gemeinsamkeiten erkennen. Sie haben klein angefangen. Wenn du also dauerhafte Veränderungen in deinem Leben erreichen willst, solltest du dies beachten. Selbstvertrauen – oder ein Mangel daran – ist eine Gewohnheit. Es ist etwas, das in deinem Unterbewusstsein verwurzelt ist, und der einzige Weg, eine solide Veränderung auf dieser Ebene zu erreichen, ist ein langsamer, konstante Fokus darauf. Kleine Anfänge haben den Vorteil, dass sie leichter zu starten und unter Kontrolle zu halten sind. Sie lassen sich auch leichter aufrechterhalten. Verstehe mich nicht falsch – träume groß, strebe nach großen Dingen, aber fange klein an.

1. Sei stets vorbereitet

Jedes Abenteuer, das den Namen verdient, erfordert eine gute Vorbereitung. Selbst dann musst dir darüber im Klaren sein, dass du nie auf alles vorbereitet sein kannst. Achte darauf, dass deine Vorbereitung nicht zu einer Ausrede wird für Prokrastination. Setze dir ein Zeitlimit für die Vorbereitungsphase, und wenn dieses überschritten ist, legen los! Die Vorbereitung ist der erste Schritt, um die von dir gewünschte Veränderung zu erreichen, aber es ist ein Schritt, der schnell und effizient durchgeführt werden muss.

2. Beginne mit kleinen Schritten

Unterschätze nicht die Macht der Einfachheit. Deine ersten Schritte sollten einfach und zugänglich sein. Manche Leute glauben, dass sie zuerst die großen Dinge angehen und die Feinheiten für später aufheben sollten. Das ist kein Ansatz, den ich empfehle, wenn du Selbstvertrauen gewinnen willst. Er funktioniert nur bei einem kleinen Prozentsatz der Menschen – auch wenn es sich dabei um eine lautstarke Minderheit handelt. Vertrauen ist, wie andere wichtige Eigenschaften auch, wie ein kleiner Samen. Du musst ihn nähren und wachsen lassen, bevor er Wurzeln schlagen kann. Wenn du dich zum Beispiel das Ziel gesetzt hast, fünf Stunden pro Woche zu trainieren, wirst du dieses Ziel eher erreichen (und beibehalten), wenn du diese fünf Stunden auf mehrere Tage verteilst, anstatt zu versuchen, alles an einem Tag zu erledigen.

3. Bleibe motiviert und diszipliniert

Du brauchst Motivation, um anzufangen, und Disziplin, um durchzuhalten. Das sollte nicht allzu schwer sein, wenn du glaubst, dass deine Ziele erreichbar sind. Deshalb ist es so wichtig, mit Zielen zu beginnen, die dich nicht überfordern. Natürlich wirst du deine Selbstmotivation steigern müssen, wenn die Dinge etwas schwieriger werden und Hindernisse auftauchen, aber konzentrieren dich jetzt erst einmal darauf, die ersten Schritte zu machen. Lasse dich durch das Erreichen dieser ersten, kleineren Ziele motivieren und ermutigen, weiterzumachen.

4. Beginne langsam, bevor du dich größeren Herausforderungen stellst

Das Ziel eines kleinen Anfangs ist es, Erfahrungen zu sammeln und dich mit den Veränderungen vertraut zu machen. Das

Wachstum hört jedoch auf, wenn diese Vertrautheit einen bestimmten Punkt erreicht. An diesem Punkt hörst du auf dich zu verbessern. Das Selbstvertrauen ist wie ein Kind: Du musst es mit immer größeren Herausforderungen konfrontieren, sonst stagniert es und macht vielleicht sogar Rückschritte. Ich würde dir sagen, dass du den Schwierigkeitsgrad der Aufgabe alle paar Schritte erhöhen solltest, aber das würde einen sorgfältig bemessenen Plan erfordern, um bestimmen zu können, wann du bereit bist, die nächste Stufe zu erreichen. Eine Regel, die ausgezeichnet funktioniert, lautet stattdessen: „Mache mehr, als du letzte Woche getan hast“. Beginne also mit kleinen Schritten, aber nimm dir vor, dich zu steigern.

5. Sei konsequent

Beständigkeit schafft Erfahrung, Vertrauen und Antrieb. Der letzte Punkt ist der wichtigste. Wenn du etwas fütterst, wird es größer und stärker. Beständigkeit wird dein Selbstvertrauen stärken und deinen Antrieb fördern. Es ist ein Kreislauf, den du jedes Mal unterbrichst, wenn du einen Schritt auslässt oder aufschiebst – tu also, was du tun musst, auch wenn du keine Lust dazu hast. An dieser Stelle spielen Verantwortung und Disziplin eine wichtige Rolle. Sie helfen dir dabei, ein Belohnungs- /Bestrafungssystem zu schaffen, wie das, über das wir in Schritt 4 gesprochen haben.

Beständigkeit schafft auch Lust auf Erfolg. Wenn du mit kleinen Schritten beginnst, erhöhst du deine Chancen auf diesen Erfolg. Diese kleinen Erfolge werden deinen Appetit anregen, sodass du sich mehr anstrengst und besser darauf vorbereitet bist, den Sprung zu wagen.

Zusammenfassung

Kleine Maßnahmen führen zu großen Ergebnissen. Wenn du kleine Schritte machst, hast du mehr Spielraum, um Fehler zu machen und daraus zu lernen. Außerdem kannst du mit kleinen Schritten kleine Erfolge feiern, was dein Selbstvertrauen stärkt und dir den nötigen Antrieb gibt, um größere Herausforderungen anzunehmen. Wenn du dich dafür entscheidest, radikale Veränderungen auf einen Schlag vorzunehmen, wirst du mehr Ressourcen verbrauchen und dich schwerer von Misserfolgen erholen können, was letztlich dein Selbstvertrauen untergräbt.

SCHRITT 9

Sei auf negative Kritik gefasst – und lerne, damit umzugehen

„Es gibt nur einen Weg, Kritik zu vermeiden: nichts tun, nichts sagen und nichts sein.“

— Aristóteles

Wenn du lernst, Kritik – ob konstruktiv oder nicht – zu deinen Gunsten zu nutzen, wird sie deinem Selbstvertrauen nicht nur nicht schaden, sondern es sogar stärken.

Ich habe beschlossen, diesen Schritt aus zwei Gründen bis zum Schluss aufzuschieben: Erstens, weil es für mich die wirksamste Strategie ist, zu wissen, wie man sie richtig einsetzt, und zweitens, weil es vielleicht die am wenigsten offensichtliche ist.

BEFREIE DICH: Was auch immer du tust, es wird immer Leute geben, die dich kritisieren, also tu, was du willst

Kathy, meine Freundin, ist in jeder Hinsicht eine erstaunliche Frau: Sie ist fröhlich, klug, sportlich, unternehmerisch. Ich könnte noch mehr sagen, denn ich habe vom ersten Tag an jede gute Sache, die ich an ihr festgestellt habe, in einem kleinen Buch notiert. Das ist etwas, das ich auch Ihnen empfehlen würde.

Leider ist sie auch die ältere von zwei Schwestern in einer Familie, die – obwohl ich sicher bin, dass sie sie sehr lieben – beschlossen hat, sie zur Zielscheibe ihrer Kritik zu machen. Ganz gleich, was sie tut, ihre Schwester und ihre Mutter machen ihr ständig Vorwürfe. Wenn sie studieren will, soll sie arbeiten und aufhören, „dumm“ zu sein; wenn sie arbeiten will, soll sie studieren und höhere Ziele verfolgen. Wenn sie ihrer Familie finanziell unter die Arme greift, ist sie eine Angeberin, wenn sie es nicht tut, ist sie egoistisch. Wenn sie ein Projekt beginnt, lebt sie im La-La-Land; wenn sie es nicht tut, sollte sie am besten in einer Bar arbeiten. Und so weiter und so fort, das geht schon ihr ganzes Leben lang so.

Als ich sie kennenlernte, litt Kathy unter häufigen Angstattacken – mehr oder weniger jedes Mal, wenn es ein Familientreffen gab. Wann immer sie zusammenkamen, fuhren ihre Mutter und ihre Schwester schwere Geschütze auf und versuchten, ihr Selbstvertrauen und ihre Lebensfreude zu untergraben.

Obwohl ich beruflich mit Kunden in fast identischen Situationen arbeite, war es für mich kompliziert, mich einzumischen. Das lag unter anderem daran, dass der Rat eines Partners (oder engen Freundes) in der Regel weniger ernst genommen wird und weniger Wirkung zeigt als der Rat eines „bezahlten" Fachmanns. Außerdem hätte meine Einmischung die familiären Konflikte noch verstärken und am Ende uns auseinanderbringen können. Du kennst sicherlich den Spruch, dass Blut dicker ist als Wasser– nun, das war das Problem.

Irgendwann konnte ich die Ungerechtigkeiten und deren Auswirkungen auf Kathy nicht mehr ertragen und beschloss, mich auf die subtilste Weise einzumischen, die mir einfiel. Am Tag nach einem dieser Familientreffen, als Kathy wieder einmal weinend nach Hause kam und sich wertlos fühlte, schickte ich ihr einen „unschuldigen“ Comic auf ihr Handy:

Natürlich löste der Comic das Problem nicht – aber er brachte Kathy zum Lachen und machte ihr klar, wie lächerlich die Situation tatsächlich war. Der Comic war eine hervorragende Intervention, um ein Gespräch anzufangen – ein Gespräch, das Kathy selbst initiierte, als sie am Abend von der Arbeit nach Hause kam.

Kathy erkannte, dass ihre Ängste primär daher rührten, dass sie, seit sie denken konnte, wie auf Eierschalen unterwegs gewesen war, aus Angst davor, was ihre Mutter und ihre Schwester sagen würden. Am Ende schlug sie einen Weg ein, von dem sie dachte, dass ihre Familie ihn am ehesten gutheißen würde. Leider entsprachen ihre Entscheidungen nie ihren eigenen Wünschen, und sie wurde immer unglücklicher.

Aber als sie erkannte, dass der Kampf nicht zu gewinnen war, da sie niemals in der Lage sein würde, die beiden Menschen zufriedenzustellen, die sie am meisten auf der Welt liebte, fühlte sie sich befreit. Es war nicht so, dass ihre

Zustimmung ihr egal war; sie brauchte sie jedoch nicht mehr.

Von da an begann Kathy, eigene Entscheidungen zu treffen und ihren Weg allein danach auszurichten, was sie für das Beste hielt. Einerseits hatte sie ausreichend Selbstvertrauen, um zu wissen, was sie wollte, ohne sich mit anderen absprechen zu müssen, und andererseits wusste sie, dass sie es nicht jedem recht machen konnte und auch nicht musste.

ERMÄCHTIGE DICH SELBST: Lerne, Kritik aus einer anderen Perspektive zu betrachten

Es ist sehr befreiend zu erkennen, dass du es nie allen gleichzeitig recht machen kannst. Aber es besteht ein großer Unterschied zwischen dem Gefühl, von Kritik *befreit* zu sein, und dem Gefühl, durch Kritik *gestärkt* zu werden.

Obwohl ich das Glück habe, Eltern zu haben, die mich bei all meinen Projekten und Entscheidungen immer unterstützt haben, musste ich mich – wie meine Freundin – endloser und harter Kritik von anderen Familienmitgliedern stellen.

Viele Jahre lang hielt mich diese Kritik konditioniert und frustriert. Mit nichts, was ich tat oder sagte, konnte ich die Zustimmung dieser Menschen gewinnen. Ich erinnere mich, dass ich oft dachte: „Eines Tages werden sie meinen Wert erkennen“, „vielleicht werden sie mir gratulieren, wenn ich dieses oder jenes erreiche“, „was mache ich falsch? Warum mögen sie mich nicht?“, und so weiter.

Ich habe lange gebraucht, um zu erkennen, dass nichts, was ich je getan habe, gut genug für sie war. An dem Tag, an dem ich das herausfand (so wie du jetzt hoffentlich auch), fühlte ich mich befreit. Aber erst als ich **den Grund für diese Angriffe** verstand, wurde mir klar, dass ich etwas Besonderes hatte: etwas, das mich einzigartig machte.

Was hatten meine Freundin und ich gemeinsam, das uns zur Zielscheibe der Kritik gemacht hatte? Ich gebe dir einen Hinweis: Es ist das, weshalb wir uns innerhalb von Minuten nach unserem ersten Treffen ineinander verliebt haben (danke, Tinder). Wir sind beide „Macher“: Wir haben Ideen, Ziele, Pläne ... **und wir führen sie tatsächlich aus**.

Wenn du jemand bist, der nicht nur Ziele hat, sondern auch für sie kämpft – und sie meistens auch erreicht –, dann wirst du zu einem unbequemen Spiegel für andere. Die Leute sehen dich an und stellen fest, dass sie nicht hartnäckig genug ihre eigenen Träume verfolgt haben, oder, schlimmer noch, dass sie nie wirklich wussten, was sie im Leben wollten, bis es zu spät war.

Wenn du erkennst, dass die Kritik, die du und dein Selbstvertrauen in der Vergangenheit so sehr verletzt hat, in Wirklichkeit ein Indikator dafür war, dass du auf dem richtigen Weg bist – einem Weg, auf dem andere insgeheim selbst gerne wären – dann wird die Kritik nicht nur aufhören, du wirst dich sogar darüber freuen. Sie wird dein neuer Indikator dafür sein, dass du alles richtig machst und dass du hoch genug hinauswillst, um Neid zu wecken. Glaubst du wirklich, dass sich jemand die Mühe machen würde, dein Selbstvertrauen (ob bewusst oder unbewusst) mit seiner Kritik zu untergraben, wenn du brav bei der Herde bleibst, dich mit Mittelmaß zufriedengibst und nie einen Fuß aus deiner Komfortzone heraus setzt?

Ich gebe dir ein Beispiel, um es deutlicher zu machen – ein Beispiel, das du vielleicht sogar selbst erlebt hast:

Ich bin sicher, du kennst jemanden, der schon immer mit seinem Gewicht zu kämpfen hatte. Und dann, eines Tages, ohne ersichtlichen Grund (aber glaube mir, es wird einen Grund gegeben haben), beschloss die Person, sich richtig zu ernähren und ins Fitnessstudio zu gehen. In nur wenigen Monaten hatte sie eine beträchtliche Menge an Gewicht verloren und es war zu erkennen, wie sie mit weniger Gewicht aussehen würde. Kritik? Natürlich nicht. Alle um die Person herum freuten sich für sie und ihren neuen Lebensstil und ermutigten ihn, weiterzumachen. Wie nicht anders zu erwarten – denn welcher herzlose Mensch würde eine solche Entwicklung kritisieren?

Aber was würde passieren, wenn diese Person ihre neuen Gewohnheiten beibehielte? Nicht nur für ein paar Monate – was normalerweise der Fall ist –, sondern lange genug, um starkem Übergewicht zu einem gesunden Gewicht und von dort zu einem beneidenswerten Körper zu gelangen? Kritik? Von allen Seiten: "X ist besessen", "x bekommt doch kein Geld dafür", "x genießt das Leben nicht mehr", "für wen hält x sich? ", "x sollte die Gewichte weglegen und ein Buch in die Hand nehmen", "x muss eine Affäre haben, wenn x so viel abnimmt", und so weiter. Kommt dir das bekannt vor?

Wir bestärken und loben unsere Freunde und Liebsten, um ihnen zu helfen, dorthin zu gelangen, wo wir jetzt sind; wir wollen, dass sie Teil unseres „Stammes", unserer Herde werden, auf unserem Niveau sind. Aber Vorsicht – weiter geht es nicht. Für jemanden, der nicht bereit ist, den Preis zu zahlen, um weiterzuwachsen und neue Ziele zu erreichen, besteht die einzige Möglichkeit, nicht zurückzubleiben und ein Leben zu führen, das er bereut, darin, *dich* daran zu hindern, weiterzukommen. Für diese Menschen ist Kritik eine ihrer stärksten Waffen.

Bis jetzt.

Jetzt, da du weißt, warum man dich auf diese Weise kritisiert, wirst du nicht nur immun gegen deren Angriffe sein – du wirst sogar verstehen, dass die Tatsache, dass man dich kritisiert, ein gutes Zeichen ist. Es ist ein Zeichen dafür, dass du auf dem richtigen Weg bist. Lasse dich dadurch also nicht mehr aufhalten.

Denke immer an diesen Spruch:

„Du wirst nie von Leuten kritisiert, die mehr tun als du, sondern nur von Leuten, die weniger oder gar nichts tun.“

Zusammenfassung

Die einzige Möglichkeit, sich im Leben vor Kritik zu schützen, besteht also darin, absolut nichts zu tun. Da dies keine Option ist, musst du lernen, mit Kritik umzugehen, um zu verhindern, dass sie dein Selbstvertrauen zerstört und dich in deinen Möglichkeiten einschränkt. Der erste Schritt besteht darin, zu verstehen, dass die Menschen dich kritisieren werden, egal, was du tust. An dem Tag, an dem du diese traurige Wahrheit akzeptierst, wirst du dich befreit fühlen, und Kritik wird ihre Macht über dich verlieren. Aber du kannst noch einen Schritt weiter gehen und die Kritik tatsächlich zu deinen Gunsten nutzen, um dich zu motivieren und dich in deinen Handlungen und Zielen zu bestärken. Du musst dich daran erinnern, dass nur mittelmäßige Menschen, die nie ihre Komfortzone verlassen und bei der Herde bleiben, vor Kritik geschützt sind. Wenn du von deinem Umfeld ständig kritisiert wirst, ist es wahrscheinlich, dass man dich insgeheim beneidet. Die Leute können den Gedanken nicht ertragen, dass du etwas erreichen könntest, was ihnen nicht gelungen ist, weil ihre Ängste größer waren als ihre Ziele.

Die nächsten Schritte

Zu Beginn dieses Buches habe ich versprochen, dir das Wissen zu vermitteln, das du benötigst, um dir diese Reise zu mehr Selbstvertrauen zu erleichtern. Und du hast mir versprochen, dass du aktiv daran arbeiten wirst, dass dieses Wissen ein Teil von dir wird, damit du das Leben führen kannst, von dem du immer geträumt hast.

Nun, da wir das Ende dieser neun Schritte erreicht haben, bleibt mir nur noch, dir zu gratulieren.

Im Prinzip hat deine Reise bereits in dem Moment begonnen, als du dich entschlossen hast, dieses Buch zu kaufen. Die Tatsache, dass du so weit gekommen bist, bedeutet, dass **du bereits aktiv geworden bist**.

HERZLICHEN GLÜCKWUNSCH!

So viele Menschen würden gerne ihr Selbstvertrauen verbessern und beneiden diejenigen, die es scheinbar von Natur aus besitzen – aber nur wenige entscheiden sich, die Dinge selbst in die Hand zu nehmen und zu handeln. Du gehörst zu diesem kleinen Teil der mutigen Menschen und darauf solltest du stolz sein.

Aber ruhe dich nicht auf deinen Lorbeeren aus. Du hast einen bedeutungsvollen ersten Schritt getan, aber du hast noch viel Arbeit vor dir. Vielleicht hast du einige der Schritte in diesem Buch bereits umgesetzt, während andere eine zweite Lektüre erfordern und wieder andere dir noch mehr abverlangen.

Mach dir keine Sorgen – du musst nicht alle Schritte auf einmal umsetzen. Wähle den Schritt, der dir am besten gefällt oder der dir am einfachsten erscheint, und konzentriere dich darauf, bis du ihn verinnerlicht hast und er dir wirklich vertraut vorkommt. Wenn du die Dinge nach und nach angehst, wird das Gefühl, etwas erreicht zu haben, dir schon nach diesem ersten Schritt das Selbstvertrauen und die Motivation geben, die du benötigst, um den nächsten Schritt mit Energie und Elan anzugehen. Dieser nächste Schritt kann etwas so Einfaches sein, wie ein Tagebuch mit dir herumzutragen, um deine Ziele aufzuschreiben. Es kann auch der Entschluss sein, weniger Zeit mit den falschen Menschen zu verbringen, oder eine Liste der Fähigkeiten zu erstellen, die dir bei der Erreichung deiner Ziele am meisten helfen kann.

Es liegt an dir. Nur du hast die Macht, dein Leben zu verändern und die Leere, die du vielleicht seit Langem in dir gespürt hast, in eine unerschöpfliche Quelle der Zufriedenheit und des Glücks zu verwandeln. Verschiebe es nicht auf morgen. Entscheide noch heute, was dein nächster Schritt sein wird, und fange gleich damit an.

Das Leben, das du dir wünschst, wartet bereits auf dich.

Pass auf dich auf!
Daniel

Deine Meinung zählt

Vielen Dank von meiner Freundin Kathy, unserem Kaninchen Snoopy und natürlich von mir ;)

Als unabhängiger Autor ist deine Meinung immens wichtig für mich und für zukünftige Leser wie dich. Ich wäre Ihnen sehr dankbar, wenn Sie mir **eine Rezension in Ihrem Lieblingsgeschäft** hinterlassen könnten, um mir mitzuteilen, was Sie von meinem Buch halten, **damit ich es weiter verbessern kann**:

- Was hat dir am besten gefallen?
- Gab es etwas, das dir gefehlt hat?
- Wem würdest du es empfehlen?
- Sonst noch etwas?

Scannen und eine Bewertung abgeben

www.ingramcontent.com/pod-product-compliance
Ingram Content Group UK Ltd.
Pitfield, Milton Keynes, MK11 3LW, UK
UKHW042003190726
13854UKWH00005B/2136